教育部语用司重大项目"中小学统编语文教材语
社科基金重大项目"国民语文能力研究暨测试系

YUWEN JIAOXUE YU KAOSHI YANJIU

语文教学与考试研究

第二辑

宋亚云　陈跃红　　主编

语文出版社

·北京·

图书在版编目（CIP）数据

语文教学与考试研究. 第二辑 / 宋亚云，陈跃红主编. -- 北京 ：语文出版社，2023.9
ISBN 978-7-5187-1815-3

Ⅰ. ①语… Ⅱ. ①宋… ②陈… Ⅲ. ①中学语文课－高考－命题－研究 Ⅳ. ①G633.302

中国国家版本馆CIP数据核字(2023)第175909号

责任编辑	李　朋	
装帧设计	刘姗姗	
出　　版	语文出版社	
地　　址	北京市东城区朝阳门内南小街51号　100010	
电子信箱	ywcbsywp@163.com	
排　　版	北京大有艺彩图文设计有限公司	
印刷装订	北京市科星印刷有限责任公司	
发　　行	语文出版社　新华书店经销	
规　　格	890mm×1240mm	
开　　本	A5	
印　　张	7.5	
字　　数	187千字	
版　　次	2023年9月第1版	
印　　次	2023年9月第1次印刷	
定　　价	30.00元	

📞 010-65253954(咨询) 010-65251033(购书) 010-65250075(印装质量)

目　录

试论高中写作教学单独设课的必要性

北京一零一中学　程　翔

建议写作单独设课的声音不是现在才有的，但是现在重提这个建议很有必要。统编高中语文教材提出了新的写作任务，比如写申论、文学评论、人物评论、小小说、札记等，突破了"三大文体"的写作范畴，这就要求语文教师具备较高的专业写作素养。《普通高中学校办学质量评价指标》中提出"实施教师专业发展规划"，并对高中学生提出"具有创新精神，注重知行合一、学以致用，有信息收集整合、综合分析运用能力，有自主探究和发现问题、提出问题、解决问题的意识与能力"的要求。[①] 以此为契机，重提写作教学单独设课正当其时。

语文教学的基本内容是阅读与写作，写作不单独设课，语文学科的整体结构就不算完备。"三大文体"的名称由来已久，虽然有人提出过批评，但在初中阶段沿用下去还是可以的，到了高中就应该有所变化，这是由学生心智发展水平和写作本身的特点决定的。高中生的抽象思维能力较之初中生显著提高，若沿用"三大文体"就会抑制其思维的发展，当年章熊先生在北京大学附属中学的高中开设小论文写

---

① 中华人民共和国教育部.普通高中学校办学质量评价指南［EB/OL］.（2022-01-05）.http://www.moe.gov.cn/srcsite/A06/s3732/202201/t20220107_593059.html.

作课，就是基于这个考虑。现在《普通高中语文课程标准（2017 年版 2020 年修订）》（以下简称"高中新课标"）提出"思维发展与提升"，统编教材安排写申论，也是基于这样的考量。从写作本身特点来看，小学生是"写话"，初中生是"作文"，高中生是"写作"。虽然三者都属于书面表达，但复杂程度不同，呈现由感性向理性发展的趋势。应当承认，初、高中不同学段对学生写作素养的要求是不一样的。学生高中毕业时，应具备较高的写作能力。

之所以在高中阶段才提出写作单独设课，还因为写作和阅读不宜在义务教育阶段就分开，而在高中阶段分开的副作用最小。如果高中阶段仍不分开，学生在基础教育阶段就很难接受到系统、规范的写作训练，这对其以后的生活和工作不利，加上应试写作的某些负面影响，其造成的损失难以弥补。

写作与阅读的关系固然密切，但写作具有一定的独立性，单靠阅读是难以实现教学目标的。其实当下的写作教学也没有真正与阅读结合，而是出现了某种程度的割裂。基于写作的阅读与基于理解的阅读是两码事。写作能力不是天生的，须后天学得，必须经过专门训练才能掌握。写作能力对人的一生意义重大。高中阶段是提升写作能力的关键时期，不容错过。

建议写作单独设课，不是单独设科，如同数学有代数、几何，写作课归属语文学科。写作能力属于书面表达技能，这种技能的养成需要科学指导与实践。高中阶段写作单独设课的必要性除了上面所述之外，还有以下几个具体原因。

第一，单独设课后写作才能从阅读的附庸地位中独立出来。长期以来，从小学到高中，写作一直是阅读的附庸，没有取得独立的地位。教材编写一般是把写作与阅读结合起来。这固然有道理，但是写作不能长期从属于阅读，写作有自己单独的体系，有阅读无法涵盖的内容。

中国古代写作是独立的，科举考试主要考写作。当今世界上许多国家都有单独的写作课，我们可以借鉴。

第二，单独设课后写作才能从应试的藩篱中挣脱出来。长期以来，高中三年的写作教学基本上被应试笼罩。这里的"挣脱"不是让写作与高考脱离，而是适当分流，即高一、高二进行常规写作，高三应对高考。高考写作具有特殊性，不可绕行，但其局限性也十分明显，把三年时间都用来训练应试写作，是很大的浪费。另外，高考写作也需要改造。将来的高考应加大写作分量，单独一张卷。高三的写作训练要尽量避免出现"高考体"。漆永祥教授批评高考作文不说人话的观点切中要害，王栋生老师"何必敬重高考作文"的观点也发人深省。"高考体"是写作的大敌，消灭了"高考体"，写作才能走上正轨。《中国高考评价体系》提出了"核心价值、学科素养、关键能力、必备知识"[①]的"四层"评价体系，要想实现这一目标，写作单独设课是前提条件。

第三，单独设课后才能确保写作教学有固定的课时。目前规定的语文每周课时数少得可怜，高中只有4—5学时。这样少的课时，写作课时从哪里来？又如何确保？一学期写不了几篇文章，"高考体"的出现也就不足为怪了。高中新课标给18个学习任务群分别赋予了相应的学时，唯独没有给写作赋予单独的学时。建议写作课每周2学时，确保每两周有一次2课时的写作实践，有一次2课时的写作讲评。写作教学要按照"写前—写中—写后"三个步骤来实施，体现"全程训练"的写作教学思想。

第四，写作单独设课可以促成高质量的专用写作教材的编写，而编写出高质量的专用写作教材是写作单独设课的前提和保障。长期以

---

① 将立德树人融入考试评价全过程：教育部考试中心负责人就《中国高考评价体系》答记者问［EB/OL］. (2020-01-07). http://www.moe.gov.cn/jyb_xwfb/s271/202001/t20200107_414613.html.

来，语文学科从教学大纲到课程标准，都没有把写作当作专业课加以表述，语文教材中也没有单独的、科学的写作体系。尽管出版过写作试验教材，也有过写作教学改革的实验项目，但大都不成气候。语文教学长期缺少专用写作教材，不能不说是一个很大的遗憾。写作单独设课必然要求相关部门解决这个老大难问题。统编高中语文教材虽然提出了具体的写作任务，但整体上仍然缺乏系统性。比如"选材""提炼""整理""修改"是写作不可绕行的基本问题，统编教材缺少这些内容。笔者对统编高中语文教材中的写作任务作了梳理，其分布情况见表1。

表1　统编高中语文教材写作任务分布表

必修上	写诗	写人物	写文学短评	写议论类文章	写散文	
必修下	写议论类文章	写剧评	写事理说明文	写演讲稿	写记叙类文章	写议论类文章
选择性必修上	写人物	写议论类文章	写小小说	写驳论		
选择性必修中	写议论类文章	写札记	写历史人物短评	写申论		
选择性必修下	写古诗鉴赏文章	写语言鉴赏札记	写书信	写读书报告		

可以看到，尽管教材中安排了23次写作任务，但它们从属于各"任务群"，没有形成单独的、科学的写作体系。必修上第一次写作任务是写诗，显然欠妥；必修下两次写议论类文章的安排，也有悖于高一重点写记叙类文章的规律。如果在这个整体分布的基础上重新整合，也许能在一定程度上体现写作的序列化。写作当先易后难，按照人、事、物、情、理的顺序来安排。文体是写作的基本规范，技能体现写

作的基本素养。笔者花费多年时间设计了一个高中写作单独设课实验框架（草案），内容详见表2。

表2 高中写作单独设课实验框架（草案）

高一第一学期

写作单元	写作内容	写作文体	写作素养
第一单元	写自己	记人的散文	故事·个性
第二单元	写他人	记人的散文	故事·人性
第三单元	写家庭生活	记事的散文	抓住动情点
第四单元	写学校生活	记事的散文	选材典型
第五单元	写物	记物的散文	比兴寄托
第六单元	写社会、自然生活	记人叙事散文	叙述线索

高一第二学期

写作单元	写作内容	写作文体	写作素养
第一单元	写历史人物	人物传记	叙议结合
第二单元	写历史事件	纪事本末	写出事件的波澜
第三单元	塑造人物性格	小说	学习虚构
第四单元	咏史、怀古	格律诗	格律诗写作常识
第五单元	表达思想观点	演讲稿	观点与得体
第六单元	社会实践	小品	学习幽默

高二第一学期

写作单元	写作内容	写作文体	写作素养
第一单元	建言献策	建议书	突出针对性
第二单元	语文学习心得	总结	清晰·实在
第三单元	读书心得	读书报告	归纳·提炼
第四单元	家国情怀	词	词写作常识
第五单元	热门话题	杂文	学习讽刺
第六单元	国家·社会·人生	随笔	角度·深度

高二第二学期

写作单元	写作内容	写作文体	写作素养
第一单元	评论当下人物	人物评论	学习分析
第二单元	评论时代热点	时事评论	学习反驳
第三单元	鉴赏一首诗（词）	文学评论	景与情
第四单元	鉴赏一篇散文	文学评论	语言的魅力
第五单元	评论一部小说	文学评论	思想·艺术
第六单元	评论一部话剧	文学评论	对话·冲突

　　这是一个"三维"写作框架，具有整体性和系统性。之所以没有为高三安排写作内容，是考虑到高三的特殊性，学生要面对高考，需要结合高考写作的特殊要求进行专题训练。高考写作强调"审题""立意"，要让考生对所写内容有一定的陌生度。这是高考写作的特点。

　　第五，写作单独设课后能更好地对学生进行系统的写作教育。长期以来，学生高中毕业后仍未形成基本的、科学的写作观念，对写作的目的、意义、体式和方法都很盲目，写作低幼化现象突出。写作教育要把司马迁的写作观渗透到学生内心，即："昔西伯拘羑里，演《周易》；孔子厄陈、蔡，作《春秋》；屈原放逐，著《离骚》；左丘失明，厥有《国语》；孙子膑脚，而论《兵法》；不韦迁蜀，世传《吕览》；韩非囚秦，《说难》《孤愤》；《诗》三百篇，大抵贤圣发愤之所为作也。此人皆意有所郁结，不得通其道也，故述往事，思来者。"[①] 写作教育要让学生懂得"盖文章，经国之大业，不朽之盛事""用写作去超越苦难""能写一手好文章，是一个人的美德"等道理。作文与做人、文品与人品的关系需要通过写作课引导学生去思考和领悟。

　　长期以来，笔者通过坚持开设写作课，逐步形成了对写作的基本

---

① 司马迁. 太史公自序 [M]// 史记. 北京：中华书局，2013.

认知。这些认知是写作教育的重要内容。

1. 写作行为是人类特有的，是人类区别于动物最显著的特点之一。

2. 写作是一项宏大的事业，在传播人类文明、促进社会发展过程中具有不可替代的作用。

3. 写作是一项精神活动，表达人的思想情感，体现创新思维和个性特点，"我写故我在"。

4. 写作是一种职业，是一种生存技能；写作在人的日常学习、工作和生活中具有重要作用。

5. 写作的过程就是"整理思想"的过程，要让学生养成"整理思想"的习惯。

6. 写作的篇数不求多，但是要写一篇成一篇，注重修改完善，数量目标服从质量目标。

7. 写作要表达独立见解，切忌千篇一律。

8. 写作不要肤浅地歌功颂德，而要表现人性，展示心灵；写作要表达真情实感，体现作者悲悯的情怀。教师不要简单地用"思想健康"来要求学生写作。

9. 故事性和象征性是记叙类和文学类文体的特点，思辨性和逻辑性是议论类和说明类文体的特点。写作教学应在文体上有明确要求。

10. 写作知识既有陈述性知识，也有程序性知识，程序性知识就是关于写作技能的知识。写作需要技能，技能需要科学训练。

第六，单独设课更有利于教师的专业发展，更有利于教师集中精力研究写作的规律和具体方法，并有所建树。比如怎样写人物对话，写景文字在怎样的时空中出现效果更好，如何合理使用插叙手法，叙事的转折点怎样确定，高中复杂记叙文与初中简单记叙文有哪些区别……这些记叙类文本写作的具体问题一直没有得到很好的解决。长期以来，语文教师写作能力偏弱是不争的事实。2019 年高考结束后，一位特级教师写了一篇"下水文"，结果被文学编辑叶开先生否定。叶开还提出了"中小学语文教师百分之九十都应该回炉"的观点，震动语文界。静心想一想，叶开所讲不是没有道理。语文教师能动手写"下水文"已经很难得了，有的语文教师一年到头不写文章，反而去批阅、评改学生作文。有的语文教师写作观僵化，就像孙绍振教授批评的那样，看不懂学生运用现代主义文学表现手法写出的作品。可以说，中学生写作能力差与语文教师写作能力偏弱有直接关系。教师素质是决定教学质量的根本。写作单独设课可以促进语文教师写作能力的提升，或许能出现一批写作及写作教学的能手。如果能够建设一支专门的写作教师队伍，那更是一件好事。

中华文化源远流长，写作的历史颇为悠久。我们要系统总结古代传统写作经验，同时借鉴外国的做法，从而构建写作教学完整科学的体系。1923 年，梁启超讲授"中学以上作文教学法"课时，提出了"整理思想""分类"的写作教学观；1929 年，阮真出版了《中学作文教学研究》，次年又出版了《中学作文题目研究》。还有很多专家学者出版了写作教学的专著。西方国家也有比较成熟的非虚构写作课。对此，我们都应该系统地加以研究、借鉴。当然，写作教学从无专门教材、固定课时、专业教师变为有专门教材、固定课时、专业教师的过程中，必将出现许多新的问题，有些问题可能一时难以解决，但我相信只要下决心去研究，最终是可以解决的。写作单独设课不仅关系到语文学科建设，也关系到弘扬中华优秀传统文化，容不得我们拖延时日。

我国语文考试改革的回顾与展望

人民教育出版社　顾之川

　　我国语文考试与时代同步，见证了社会主义新中国的建设、改革与发展，为社会提供了源源不断的人才保障和智力支持。中国高考作为世界上最大规模的统一考试，其语文试题尤其作文题目向来备受关注。从某种程度上说，语文考试已成为中国教育改革的"晴雨表""风向标"，是引领中小学素质教育的"指挥棒""助推器"，构成了一道独特的教育文化景观。

　　本文以新中国成立、改革开放和党的十八大召开为时间节点，把我国的语文考试改革大致分为三个阶段。第一阶段是探索期（1952—1965），第二阶段是奠基期（1977—2012），第三阶段是发展期（2013—2020）。语文考试从政治立意、知识立意逐渐向关键能力和学科素养立意转变，由单一的选拔功能向立德树人、服务选拔、引导教学转变，为高校选拔人才和中学教学育人发挥了积极作用。回顾其改革历程，归纳其演变规律，概括其发展特点，有助于不忘过去，把握现在，面向未来，为服务立德树人、考试育人作出贡献。

一、探索期（1952—1965）

中国是考试的故乡，历来重视考试取士，公平选才。从尧对舜"吾其试哉"，到魏晋时期的九品中正选官，再到唐代的科举制度，中国有着悠久的考试历史、丰富的考试经验和厚重的考试文化。考试作为教育事业的重要组成部分，必然反映时代风尚和社会对人才的要求。1949年9月29日通过的《中国人民政治协商会议共同纲领》提出："中华人民共和国的文化教育为新民主主义的，即民族的、科学的、大众的文化教育。"[①]教育考试又有着自身的规律，只能渐变，不可能采取摧枯拉朽般的革命的方式。1949年，各高校仍沿袭旧制单独招生。1950年、1951年以各大行政区为单位，全部或局部高等学校联合或统一招生。1952年6月12日，教育部发布《关于全国高等学校一九五二年暑期招考新生的规定》，决定全国统一命题，标志着全国高校统一招生考试制度正式建立。

1952年至1965年，高考由全国统一命题（1958年为分省命题）。1966年6月18日，《人民日报》发表社论，提出废除现行高校招生考试办法，同时配发北京四中和北京第一女子中学学生要求废除高考的公开信。7月24日，《人民日报》发表中共中央、国务院《关于改革高等学校招生工作的通知》，决定"高等学校招生，取消考试，采取推荐与选拔相结合的办法"。1973年，辽宁发生张铁生"白卷事件"。语文考试随社会政治运动而被迫取消。但由于这一阶段高中教育规模普遍较小，高中生数量少，高校录取率高，比如1960年考生35万人，录取新生32.3万人，所以竞争并不激烈。这一时期的语文高考具有以

---

① 《中国考试》编辑部. 高校考试招生制度70年大事记[J]. 中国考试, 2019（10）.

下几个特点：

第一，从重视基础知识到只考作文和文言文。开始是考阅读、基础知识和作文（1952—1959），后来只考作文和文言文（1960—1965）。基础知识主要考查标点符号、汉语拼音、词语（包括成语）解释与运用、修改病句和文学常识，偶尔也考语法修辞和划分段落（1959）。值得注意的是，作文题的"注意事项""评分标准"中都特别提到了写字和标点符号。如"标点符号（占总分数 10%）"（1953），"正字及标点符号"（1954），"正字（写通用的简体字也算对）及标点符号"（1955），"字要写清楚，要用标点符号"（1956—1957），"要分段、标点""字迹要清楚"（1959—1963），后又在此基础上增加了"不要写自造的简体字"（1963—1965）、"写繁体字不算错"（1963）、"繁体字不算错"（1964）等内容。

语文考试重视基础知识，特别是标点符号、汉语拼音和简体字，显然与当时重视语言文字的社会氛围有关。新中国成立初期，学习语文成为全党全国人民的政治任务。1951 年 2 月 1 日，中共中央发布《关于纠正电报、报告、指示、决定等文字缺点的指示》；6 月 6 日，《人民日报》发表社论《正确地使用祖国的语言，为语言的纯洁和健康而斗争》，同时开始连载吕叔湘、朱德熙的《语法修辞讲话》；9 月 26 日，《人民日报》发表叶圣陶起草的《标点符号用法》；10 月 5 日，政务院发布《关于学习〈标点符号用法〉的指示》。1956 年 1 月 31 日，《人民日报》发表国务院《关于公布〈汉字简化方案〉的决议》和《汉字简化方案》。1958 年，全国人大一届五次会议通过了关于汉语拼音方案的决议。1960 年，中共中央发布《关于推广注音识字的指示》。在这种背景下，正确使用标点符号，认识汉字和汉语拼音，不仅关乎考生的语文基础知识水平，更是新中国公民素养的体现。

第二，试题选材紧跟形势，政治色彩浓。如 1952 年阅读题材料是

《一个走上正轨的合作社》，作文题"记一件新人新事"。1953 年阅读题材料《"打鱼人"》是关于炼钢模范不得不接待各类来访者的短文。1955 年阅读题材料选自毛泽东在全国政协第一届全体会议上的讲话《中国人民站起来了》。1959 年基础知识题，要求解释成语"实事求是"和"一蹴而就"，所用例句，一是"共产党员，要有最伟大的理想，最伟大的奋斗目标，同时，还有最切实的'实事求是'的精神和实际工作，这就是我们共产党员的特点"，一是"共产主义事业，真是如我们所说的'百年大业'而不能'一蹴而就'的"。1960 年作文题"我在劳动中受到了锻炼 /'大跃进'中的新事物"。1965 年作文题"给越南人民的一封信 / 谈革命与学习"。作文评分也重视文章的思想性，如 1960—1961 年的《作文评分标准说明》中就有"通篇思想有严重错误的不给分"的要求。

第三，文言文逐渐受到重视。主要表现在三个方面：一是由不考到考，题目由少到多。二是考查方式由单一到复杂，从只在文学常识题中涉及，到后来出现翻译、加标点符号、词义辨析、解释虚词用法等多种题型。三是分值逐渐增加，从 1953 年的 3 分、1954 年的 14 分、1956 年的 22 分，到 1960 年的 50 分（文言文与作文各占总分的50%）。

第四，写作一直受到高度重视。表现在三个方面：一是作文在整套试卷中多数是占 50 分。二是答题顺序的变化，除 1952 年先考测验（包括阅读和基础知识）后考作文外，从 1953 年开始，都是先考作文。三是作文命题由突出政治转向贴近学生实际，如 1954 年的"我的报考志愿是怎样决定的"，1955 年的"我准备怎样做一个高等学校的学生"，1956 年的"生活在幸福的年代里"，1957 年的"我的母亲"，1959 年的"记我的一段有意义的生活"，1960 年的"我在劳动中受到了锻炼"，1961 年的"我学习了毛主席著作以后 / 一位革命前辈的事迹鼓舞了我", 1962 年的"说不怕鬼 / 雨后", 1963 年的"唱《国际歌》时所想起的 / '五一'(国际劳动节)日记", 1964 年的"读报有感"。当时也有人主张只考一篇作文,后来又不断有人提出这个问题,但都没有被采纳。因为阮真在 1932 年发表的《国文科考试之目的及方法》一文中早已指出:"通常所谓学生国文程度之好坏,仅据一篇作文以定分数者,实缺乏科学的根据也。盖学生对于各种文体,各种题目,恒以知识经验之差别,而各有其短长。仅据一篇作文以判断其国文程度,固未得为甚当也。"①

总之,这一时期的语文考试,配合新中国社会主义建设运动,紧跟当时的形势,突出政治立意,左右摇摆,题型单一,题量较少,题干设计简单,总体上还处于探索阶段。

二、奠基期(1977—2012)

1977 年在邓小平的主导和推动下,我国恢复了中断十一年的高考制度。当时因时间仓促,教育部来不及组织统一命题,于是分省命题。邓小平《在全国教育工作会议上的讲话》(1978)中指出:"考试是检查学习情况和教学效果的一种重要方法……要认真研究、试验,改进考试的内容和形式。"②1978 年高考恢复全国统一命题。1989 年 6 月 27 日,国家教委发布《普通高等学校招生全国统一考试标准化实施规划》。

1990 年以后,中学教育逐渐陷入"考什么教什么"的怪圈,大搞

---

① 阮真.国文科考试之目的及方法 [M]// 李杏保,方有林,徐林祥.国文国语教育论典.北京:语文出版社,2014.
② 邓小平.在全国教育工作会议上的讲话 [N].中国教育报,1983-7-7.

题海战术，机械训练，学生负担越来越重，社会怨声载道。1993 年中共中央、国务院印发的《中国教育改革和发展纲要》明确指出，中小学要由"应试教育"转向全面提高国民素质的轨道。1999 年，中共中央、国务院发布《关于深化教育改革全面推进素质教育的决定》。一时间，"应试教育"人人喊打，语文考试首当其冲，受到猛烈抨击："语文考卷，误尽苍生""考倒鲁迅、巴金"，甚至有取消高考的呼声。[①] 时任教育部考试中心主任的杨学为在《高考改革与国情》（1999）中指出，高考不是单纯的教育问题，脑体差别是高考竞争的根源，考试是竞争的手段，高考是选拔性考试，高考内容改革必须加强对创新能力的考核。[②] 张伟明在《语文教学和高考的问题及改进策略》（1999）中指出：

　　高考的目标是为高等学校选拔人才，同时它对中学教学也具有反馈作用。从语文学科来看，考试要求公正、公平，而教学要求开放、灵活；试题的答案要求是唯一或可控制，而教学则是鼓励思维的多样性和合理性。这是一对矛盾，协调起来非常困难。有人主张放弃考试的科学性来迁就教学，这是一种消极的态度，甚至隐含了对教学更大的伤害。"文化革命"时取消高考就是例证。考试不讲科学就等于取消考试，教学的地位、教师的地位都会因此受到影响。可见，考试改革要坚持科学的方向，并考虑到教学的实际情况，逐步向前推进，而不是后退。[③]

　　教育部于 1999 年启动新一轮高考改革，命题范围遵循但不拘泥于大纲，增加应用型和能力型试题。后来随着教材普遍实行"一纲多

① 孙绍振. 炮轰全国统一高考体制 [M]// 孙绍振论高考语文与作文之道. 福州：福建人民出版社，1999.
② 杨学为. 高考改革与国情 [J]. 求是，1999（5）.
③ 张伟明. 语文教学和高考的问题及改进策略 [J]. 中学语文教学，1999（1）.

本"，又提出命题遵循大纲但不拘泥于教材。2002 年开始实行"3+X"高考改革方案，分省自主命题由上海、北京扩大到 16 个省市，最多时一年有 18 套高考语文试卷（全国卷 3 套、分省卷 15 套）。2004 年开始实施高中语文课程标准和教材实验，2007—2012 年，全国高考语文也开始逐步使用新课标卷。

这一时期的语文考试，在朱德熙、潘兆明、章熊、汪寿明、柳士镇等主持下，从考查导向、考试内容到题型设计，紧跟国家教育改革步伐，强基固本，坚持改革，稳中求新，稳中求变，初步形成了科学系统、符合中国实际的考查评价体系。

1. 考试内容：突出阅读与写作能力

《一九七八年全国高等学校招生考试复习大纲》中明确高考语文考查阅读和写作两部分内容，阅读分语体文（现代文）和文言文。这对纠正"十年动乱"给语文教学带来的混乱具有拨乱反正的作用，也为后来的语文考试大纲奠定了坚实基础，具有积极而正确的指导意义。1978 年高考，语文只考标点符号、词语、语病和作文。作文要求先阅读《速度问题是一个政治问题》，然后缩写。朱德熙在《高考语文试题和中学语文教学》（1978）中说："中学语文教学也好，高考语文试题也好，都得服从中学语文教学的根本目的，这就是培养学生的阅读能力和写作能力。如果说高考试题是指挥棒，那么语文教学的目的就是更大的指挥棒。看清了这一点，中学语文老师就没有必要从每年的高考题里去探测风向了。风向已经定了，是不会变的，会变的只是具体的考试方法。只要我们致力于从根本上提高学生的阅读能力和写作能力，就可以'以不变应万变'，不管高考出什么样的题目，我们的学生都能应付自如。"①对此，叶圣陶给予极高评价："入学考试要考语文，目的是什么呢？目的是测验考生的阅读能力和写作能力，也就是理解语文的能力和运用语文的能力，看他们够得上够不上大学所要求的水平。这一回的作文题兼顾这两方面，因此我认为值得称赞。这当然不是唯一的方式，只要认真想，别的比较好的方式一定还有。尤其值得称赞的，这一回的作文题打破了命题作文的老传统，是思想上的大突破，大解放。"②突出语文学科的工具性目标，着重考查读写能力，成为高考语文的指导思想，并一直延续至今。

2. 考查导向：从注重知识到知识能力并重再到学科素养

1977—1983 年，由于高考刚恢复，出于拨乱反正的需要，语文高考注重考查学生的语文基础知识，包括标点符号、词语、语病、汉语拼音、语文常识（文学、语言及工具书常识）和文言文翻译，作文也注重考查实用性写作能力，多为缩写、改写、读后感、命题作文、看图作文等形式。这种导向有利有弊，总的来看，利大于弊，为在全社会形成"尊重知识、尊重人才"的风气发挥了很好的引领作用，但也为后来愈演愈烈的死记硬背、"应试教育"等埋下隐患。

1983 年，语文试卷的分值由原来的 100 分增至 120 分（1993 年增至 150 分）。1984 年进一步改革，由知识立意到知识与能力立意并重。具体表现在三个方面：

一是试卷结构，形成现代文（40 分）、文言文（30 分）、写作（50 分）三大板块。

---

① 朱德熙. 高考语文试题和中学语文教学 [M]// 朱德熙文集 4：语文教学与研究. 北京：商务印书馆，1999.
② 叶圣陶. 去年高考的语文试题 [M]// 叶圣陶教育文集 3. 北京：人民教育出版社，1994.

二是语文基础知识弱化，由最多时的 45 分（1978）减至 10 分（1984），1985 年又增至 20 分。全国卷一直坚持考查"语言知识及语言运用"，《2007 年普通高考新课程标准语文科考试大纲》中改为"语言文字运用"。2008 年考试大纲在"作文评分标准"中提出"每一个错别字扣 1 分，重复的不计"。

三是首次将现代文阅读引入高考，选文以社科论文为主，注重名家经典，如 1984 年路易斯·亨利·摩尔根的《古代社会》，1985 年朱自清的《经典常谈·史记汉书》，1995 年吕叔湘的《〈叶圣陶语文教育论集〉序》，1997 年郁达夫的《〈中国新文学大系·散文二集〉导言》，1999 年陶行知的《创造宣言》。后来也有当代作品入选，如 1998 年宗璞的《报秋》，2000 年鲍昌的《长城》，2002 年林非的《话说知音》。1986 年，我国启动"863 计划"，科学技术是第一生产力成为共识，科技文阅读逐渐进入高考语文试卷，如 1986 年关于加德纳"哺乳鸟"的文段，1989 年叶圣陶的《景泰蓝的制作》，1992 年《未来的通信手段》。现代文阅读题的选文形成社科文、科技文和文学作品交替出现的局面。

3. 题型设计：从标准化、能力层级到探究题

教育部考试中心一直注重加强考试研究，并将相关研究成果反映到每年的高考试卷中。语文考试从标准化、能力层级到探究题，都做了积极探索和研究，基本形成语文考试的内容结构模式。

"标准化"本来是西方二次工业革命的标志，标准化考试要适合机器阅卷，能够提高命题的科学性和评分的客观性。尽管"标准化"并不等于选择题，但客观上带来选择题增加的结果。我国的标准化考试改革，1985 年从广东开始，数学、英语先行。语文从 1987 年开始标准化实验，参加首批实验的有广东、辽宁、山东、广西、湖北、四

川、陕西等地。当年选择题占全卷的 46.7%，1990 年、1992 年达到 48.3%。章熊在《语文标准化考试的几个反馈信息》（1988）中就指出选择题的四个弱点："1. 选择题不能检测发散性创造思维；2. 选择题只检测思维结果而无法检测思维过程；3. 一些重要的语文能力，特别是语感和语言操作能力，难以用选择题检测；4. 即使是客观试题，有些也难以编成选择题。"[1] 选择题的形式曾实验过三选一、四选一、五选一、五选二，现在基本固定为四选一。

在标准化改革的基础上，1991—2006 年，教育部考试中心又进一步研制出语文能力层级，形成"识记、理解、分析综合、表达应用、鉴赏评价"的试卷结构。其中"识记、理解、分析综合"是基础，是逐步深化的关系；"鉴赏评价、表达应用"是在阅读和表达方面的发展，呈分叉并列状，正像羊头上长着的两只角，因此语文能力层级又被形象化地称为"羊字结构"。这一研究成果反映在 1996 年的考试说明中。语文能力层级有利于命题者把握不同难度题目之间的均衡度，减少命题的盲目性，正如张开、赵静宇在《恢复高考后语文科改革与发展述略》（2017）中所说："语文能力层级较好地体现了语文学科的能力要素及其发展规律，它不仅为考试命题在考查能力方面提供了理论依据，同时也为语文教学如何培养学生的语文能力提供了理论指导。"[2]

2003 年，教育部颁布《普通高中语文课程标准（实验）》，明确"积极倡导自主、合作、探究的学习方式"。为了适应这一变化，2007 年课程标准版考试大纲在原来五个能力层级的基础上，又增加了"探究"的能力层级，试卷在阅读题中增设探究题型。如："盛宣怀办学成

---

① 章熊. 语文标准化考试的几个反馈信息 [J]. 课程·教材·教法，1988（9）.
② 张开，赵静宇. 恢复高考后语文科改革与发展述略 [J]. 中国考试，2017（3）.

功的主要原因，有人认为是他有丰富的办学经验，有人认为是他教育思想先进，有人认为是他经济实力强，有人认为是李鸿章的培植。你的看法呢？请就你认同的一种原因进行探究。"（2009海南、宁夏卷）探究题的答案不是唯一的，考生只需答出自己认同或感受最深的一点即可。"评分参考"里会有说明："如有其他答案，可根据观点明确、理由充分、论述合理的程度，酌情给分。"

为了体现课程标准"时代性、基础性和选择性"的要求，课标卷还对试卷结构作了调整，分为阅读与表达两大板块，主要是为了增设选做题。第 I 卷阅读题（70分），包括现代文阅读和古诗文阅读，现代文阅读中"论述类文本"为必做，"文学类文本"和"实用类文本"为选做；古诗文阅读包括文言文阅读、古诗词阅读、名句名篇默写。第 II 卷表达题（80分），包括语言文字应用和写作。

此外，这一时期的高考作文，先是缩写（1978）、改写（1979）、读后感（1980、1981）、漫画（1983）、写信（1985、1989）等实用性写作，后来是标题作文，如"先天下之忧而忧，后天下之乐而乐"（1982）、"习惯"（1988），话题作文如"假如记忆可以移植"（1999）、"诚信"（2001），再到新材料作文"乌鸦抓山羊"（2006）、"中国崛起"（2011）、"船主和油漆工"（2012），而且允许对所给材料进行多角度立意，也反映了命题工作者的艰辛探索和创造性追求。

三、发展期（2013—2020）

党的十八大以后，立德树人成为我国教育改革的主旋律，考试改革步入深水区。高考考试内容改革出现了新的情况：第一，国家政策导向。2014 年国务院印发《关于深化考试招生制度改革的实施意见》，2018 年全国教育大会的召开，以及 2019 年国务院办公厅印发《关于新时代推进普通高中育人方式改革的指导意见》，标志着中国教育进入新时代。第二，新高考改革实验。第一批上海、浙江（2014），第二批北京、天津、山东、海南（2017），第三批河北、辽宁、江苏、福建、湖北、湖南、广东、重庆（2018）。第三，全国卷与分省卷并存。从2015 年起，全国除北京、天津、上海、浙江、江苏外，都使用教育部考试中心命制的全国卷。第四，中学教学实际。2017 年版《普通高中语文课程标准》和统编高中语文教材开始使用，考试大纲取消。这些无疑为语文考试改革提供了价值目标、根本遵循和现实依据。

这一阶段的语文考试，具有以下特点：

1. 服务立德树人，引领素质教育

语文高考改革致力于推进素质教育，科学选拔人才，用考试"指挥棒"服务立德树人，相信每个学生都是独一无二的，促进学生全面、有个性地发展，让教学回归课堂，回归教材。通过考试，让学生有获得感，教师有成就感，家长有满足感。现代文阅读所涉及的卢作孚、吴良镛（2013），邓叔群、玻尔、侯仁之（2014），戴安澜、朱东润（2015），以及墨子号量子卫星（2018）、港珠澳大桥（2019），着眼于对理想信念、爱国主义、品德修养、奋斗精神的考查，同时也有利于在当代青年中传承民族精神，弘扬爱国主义，树立民族自信心和自豪感，实现中华民族的伟大复兴。

2. 贴近时代需要，考查综合素质

为了适应新时代对语文核心素养的要求，高考试题立足语文学科特点，考查支撑终身发展、适应时代需要的语文关键能力，即现代文阅读、古诗文阅读、语言文字运用和写作能力。这既有对高考语文传统命题经验的"守正"，也有新形势下针对语文核心素养的"出新"。

通过精心选取语料，巧妙设计试题，高考语文在考查学生语言表达和文字写作素养的同时，也考查其信息加工、学会学习、逻辑推理与独立思考能力。比如全国卷作文题：2016年的"语文学习""小羽的创业故事"，2017年的"中国关键词""中华名句""高考改革40年"，2018年的"世纪宝宝中国梦""改革开放三部曲""幸存者偏差"，2019年的"青春报国""热爱劳动"，2020年的"携手世界，共创未来""历史人物任评说"，等等。

3. 降低试题难度，回归教材与课堂

试题总体难度降低，增加宽度与广度，注重回归教材与课堂，联系社会生活实际，增强综合性、开放性、应用性、探究性。2013年传记阅读开始以"相关链接"的方式使用非连续性文本。2017年新闻阅读《垃圾分类》直接以三则含有文字和图表的非连续性文本形式呈现。2019年现代文阅读考鲁迅《理水》、叶嘉莹论杜甫诗和法国莫泊桑《小步舞》，古诗文阅读考《史记》中的贾谊、商鞅、吴起，刘禹锡、杜荀鹤、陈与义的诗。这些作者或历史人物都曾在中小学语文教材或其他读物中出现过，早已为学生所熟知，高考试题只是对高中语文教学的自然而合理的引申与拓展而已。这对高中语文教学无疑会具有积极的引领与导向作用，即扎扎实实落实课程标准的要求，学好吃透教材，真正实施素质教育。

4. 创新题型设计，强调实际应用

从2014年开始，名句名篇默写题不再只是简单地要求默写，而是给一定的情境，要求根据上下文语境进行补写，要求在理解的基础上背诵默写，突出对古诗文名句的实际理解和运用能力。文言文增设断句题和文化素养题，既考查古诗文阅读能力，又引导学生加深对中

华优秀传统文化的理解应用。2014 年的"瑶族村三日行"、2015 年的"保护水资源"邮票等图文转换以及信息提炼与加工等试题，不仅探索了语言文字应用的新题型，也体现了大数据、多媒体和自媒体时代的特征。

四、问题与展望

语文考试有待进一步研究的问题：一是社会需要什么样的写作能力，如何加强写作教学？如何解决高考作文的套作、抄袭问题？二是针对作文评分平均分虚高，区分度、信度比较低的现状，如何加强作文评分管理，提高评分质量？三是如何协调信息类文本阅读与文学类文本阅读的关系？四是如何加强试题的情境设计，增强试题的探究性、综合性、应用性？如何进行跨学科命题？等等。

中国教育进入新时代，必然要求发展素养教育，推进教育公平，实现教育现代化，建设教育强国，办好人民满意的教育。为此，教育部考试中心于 2019 年 11 月发布《中国高考评价体系》和《中国高考评价体系说明》，作为深化高考内容改革的基础工程、理论支撑和实践指南。未来的语文考试，必须准确把握高考的时代特征，坚守高考的核心立场，明确高考的考查内容和要求，灵活运用不同类型的试题情境，以价值引领、素养导向、能力为重、知识为基为改革思路，进一步发挥语文学科在考试内容改革中的引领作用。

第一，进一步围绕发展素养教育做文章。突出立德树人导向，弘扬责任担当、家国情怀、信仰敬畏、英雄气概，引导学生坚定理想信念，厚植爱国情怀，加强品德修养，增长知识学识，培养奋斗精神，增强综合素质，促进身心健康。服务国家对创新型人才的要求，鼓励独立思考，培养创新意识，发展个性特长，提高综合素质，培养学生具有宽广的知识面、敏锐的观察力、深厚的文化素养和较强的创新能力。

第二，突出考查语文学科素养、关键能力与必备知识。落实语文学科的工具性目标，立足于中国的国情语情，突出语文作为中华民族通用语的特点，培养学生崇敬中华母语、热爱祖国语文的思想感情，提高正确理解和熟练运用祖国语言文字的能力，包括精读、泛读等阅读策略的灵活运用，对文本信息的审视阐释，以及语言表达和文章写作的能力。树立"大语文教育"观，培养联想、想象及思维能力，包括批判性思维和创新思维，培育审美情趣，增强中华文化底蕴，树立文化自信。

第三，落实课标精神，贴近教学实际。《普通高中语文课程标准（2017年版2020年修订）》提出语文学科核心素养，明确18个语文学习任务群，提倡整本书阅读。语文考试理应体现课标精神，发挥好对高中语文教学的积极引领和"指挥棒"作用。以典型任务为内容，以综合考查为导向，通过阅读与鉴赏、表达与交流、梳理与探究等综合性实践活动，考查学生运用所学知识分析问题、解决问题的实际能力。

第四，加强情境设计，注重实际应用。根据实施新课程后不再制定考试大纲的实际，语文考试将进一步优化考试内容，注重联系社会生活实际，增加试题的基础性、综合性、应用性、创新性。科学设置试题难度，命题要符合相应学业质量标准，体现高考选拔功能。同时，突出任务驱动，强化情境设计，以真实、具体的语文实践活动情境为载体。作文命题将更加贴近时代、贴近社会、贴近学生实际，强调实用性写作，鼓励写真情实感，注重时代新人的视野与眼光。

高考是一项具有鲜明中国特色的基本教育考试制度，也是实现教育公平乃至社会公平的根本保证。尤其是语文考试，政策性强，涉及面广，公众关注度高，社会影响大。七十多年来，一代代语文考试工作者，包括高校学者、教研员和一线教师披荆斩棘，接续前行，从考试理论到命题实践，不断探索，逐步完善，取得了丰硕成果，建立起适合中国实际的语文考试评价体系。波澜壮阔，可歌可泣，功不可没。未来的语文考试，必将围绕立德树人根本任务进一步改革，履行好为国选才育人的重大使命。语文考试改革永远在路上。

语文能力与人文素养

北京大学中文系　杨荣祥

很多人第一次走进学校教室，上的第一节课，可能就是"语文"。语文对于中小学生来说太重要了，不学好语文，就不可能学好别的课程。语文的重要性是由其基础性、工具性特征决定的。《普通高中语文课程标准（2017年版2020年修订）》提出："语文课程是一门学习祖国语言文字运用的综合性、实践性课程。"这是就语文课程本身的教和学来说的，而相对于其他课程和其他知识，语文更具有基础性、工具性特征。可是，如何学好语文呢？中小学生在发怵，中小学语文老师在挠头，专家学者也在苦苦思索。这或许正是中小学语文教材不断改版的原因之一。由人民教育出版社出版的统编语文教材又一次在教学指导思想、教学内容、教学原则、教学方法等方面进行了全面的探索，提倡中小学语文教学要以提高学生的"读说听写"核心素养为目标，其指导思想是非常正确的。那么，如何提高学生的"读说听写"核心素养呢？教材编写者肯定有自己的主张，这从统编教材在每个教学单元所作教学提示中可以看出；工作在教学第一线的中小学语文老师也一定各有各的教学方法。在此，笔者不揣谫陋，就几个基础问题，提出一点看法，请方家批评指正。

一、语文和语文能力

"读说听写"都属于语文能力，培养"读说听写"核心素养，就是要提高学生的语文能力。这首先需要我们准确全面地认识"语文"。

"语文"的含义其实很复杂。"语"指说话，就是口头表达，"文"指作文，就是书面表达，这是一种理解。据此，语文能力指的就是说话和写作的能力，"听说"大致可包含于"语"，"读写"大致可包含于"文"。"语文"也可以理解为"语"指语言，"文"指文字。据此理解，语文能力指的就是正确运用语言文字的能力，"听说"同样大致包含于"语"，"读写"大致包含于"文"，但同时也包含于"语"。也有人把"语文"理解为"语言 + 文学"，即理解、运用母语的能力和文学欣赏、创作的能力，二者同样都涉及"读说听写"。个人认为，不管按照哪种含义理解，就中小学语文教学来说，提高学生正确运用语言文字的能力，可能是更为基础、更为重要的。

就教学来说，"读写"或许更为重要，因为从某种意义上说，"听说"能力是与生俱来的，而"读写"是后天习得的。当然，这里的"听说"是指能够正确地听，听了能够理解；能够清楚地说，准确地说，能够把话说得有条理甚至说得漂亮。但即便这样的要求，不学习语文课程，也并非不能达到。而"读写"，是必须通过语文学习才能获得的能力。

"读说听写"是一种习惯说法，也有说成"听说读写"的，它总括了阅读能力、口头表达能力和书面表达能力。但我想补充一点："写"还包括汉字的书写能力。这一点，随着计算机和智能手机等科技成果的广泛运用，国民的汉字书写能力越来越差，理应引起语文教育界的重视。汉字是中华文化传承的载体，在维护国家统一、民族认同中发挥了巨大作用。汉字的表意性质决定了它在语文教学中的特殊地位。

古人说，人生读书识字始，识字就必须会写字，识字写字是读写的前提条件。过去说一个人有文化，会说那人写得一手好字，能够把汉字写好的人，就一定是有文化的人。

写字，还包括写出规范的汉字。使用规范汉字，是国家法律的规定；正确使用祖国的语言文字，是每个公民的职责；而让学生掌握规范的汉字，必然是语文教育的责任。能够正确书写和正确认识记录汉语的工具——汉字（包括掌握常用字的形、音、义），这应该也是语文能力的基本内容。

二、人文素养

"读说听写"是最基本的语文素养。语文能力的提高，还有赖于整体的人文素养的提升。语文素养本是一种综合的能力，很难用甲乙丙丁逐一罗列。我们通常说的有文化、有才华，多指语文能力。这里的文化、才华，显然是指一种综合的人文素养和多种文化知识，它们都属于语文能力。

那么，如何通过语文教学，让学生成长为有文化、有才华的人呢？除了"读说听写"的基本功训练，语文教学还应该重视引导学生广泛地涉猎人文知识。人文知识包罗其广，《易·贲》："观乎天文以察时变，观乎人文以化成天下。"唐代孔颖达疏："言圣人观察人文，则诗书礼乐之谓，当法此教而化成天下也。"人文原本与天文、地理相对，指关于人的道理，后用来指人类的所有知识、经验，包括对自然宇宙以及人自身的一切认知。人文知识越丰富，语言表达就会越精彩，所谓满腹诗书，就是掌握了广博的人文知识，于是也就能出口成章，也就能下笔千言立马可待。

高中语文课程标准在"课程目标"中指出："通过学习运用祖国语

言文字，体会中华文化的博大精深、源远流长，体会中华文化的核心思想理念和人文精神，增强文化自信，理解、认同、热爱中华文化，继承、弘扬中华优秀传统文化和革命文化。"可见，高中阶段的语文教学，就不只是简单的认字、辨音、造句、写作文，而是要提升学生整体的人文素养，特别是要加强其对悠久的历史文明和中华传统文化的了解。现在的学生说、写的能力不够，根本原因在于腹中诗书太少。很多高水平的中学语文老师都特别强调一个观念，即"作文的功夫在'文外'"；而据每年的高考作文分析，古诗文基础差的考生，作文的等级也低。因此，引导学生课外广泛阅读，激发学生广泛涉猎人文知识的热情，对于提高学生的语文能力和人文素养都是大有助益的。

语文能力和人文素养是相辅相成的，人文素养越好，对人文经典和历史文化了解得越多，语文能力就越高，反过来，语文能力提高了，对于人文经典和历史文化的理解就会更准确深刻。语文能力的一个重要表现是，说话写文章思路开阔，能够引经据典，这都有赖于好的人文素养。"子曰：多闻阙疑，慎言其余，则寡尤；多见阙殆，慎行其余，则寡悔。言寡尤，行寡悔，禄在其中矣。"（《论语·为政》）这是孔子教导学生子张"学干禄"的话，我们化用一下这段话用于提升语文能力：闻就是听，言就是说，见就是读，行就是写。多听，就能提高说的能力；多读，就能提高写的能力；"多闻""多见"，广博地吸收人文知识，"说""写"能力自然能够得到提升。

三、语言文字知识的重要性

前面说"语文"的第二种含义："语"指语言，"文"指文字，语文能力指的就是正确运用语言文字的能力。可能很少有人这样理解中小学语文课的那个语文，这里也只是说从字面上可以作这样的理解，并不是说一定要如此理解。但笔者要强调的是，正确运用语言文字，既是国家的法律规定，也是一个人语文能力的重要表现，我们说的"读说听写"，从根本上说，也是可以理解为语言文字运用能力的。

前面讲了识字写字的问题。识字写字，是汉语教学的特点，别的语种，并不一定对此有特别的要求。这是因为汉字是表意文字，每个字都是有理据的，这个字为什么这么写，为什么是这个意思，是可以通过字形分析讲出道理来的。因此，笔者认为，中小学的语文教学应该加强汉字的教学。让中小学生掌握一些汉字的基本知识，对提高其语文能力会有很大的帮助，如同义词辨析、理解多义词各义项之间的关系等，对学习文言文帮助尤其大。在教学过程中，很多中学语文老师也会经常通过汉字结构的讲解帮助学生掌握词的本义，辨析同义词。这里仅以《岳阳楼记》中"沙鸥翔集，锦鳞游泳"为例试作说明。

这两句话，我们一般将其翻译成"沙鸥时而飞翔，时而停歇，美丽的鱼在水中游来游去"。这大体不错，但远不如原文生动。《说文解字》："翔，回飞也，从羽羊声。""雧（集），群鸟在木上也，从雥从木。""游，旌旗之流也，从㫃汓声。""泳，潜行水中也，从水永声。""翔"与"飞"不同，"飞"是扇动翅膀飞行，"翔"是翅膀不扇动，盘旋着飞行。鸟在停飞前，通常是"翔"而不是"飞"，《论语·乡党》所谓"翔而后集"是也。"集"的本义是群鸟停歇在树上，突出"群鸟"，就是很多鸟。沙鸥是成群的，所以停歇下来用"集"最贴切。"游"的本义是旌旗的垂饰，随风飘动之形如鱼在水中游行，故可引申指鱼浮游于水面。其本字作"斿"（见甲骨文和金文），本义同后起字"旒"；因引申出浮游义，后加水旁作"游"。就是说，这里的"游"是指鱼在水面浮游。而"泳"，甲骨文本作"永"，本义为"人在水中潜行"，后加水旁作"泳"，在这里指鱼潜行水中。所以"锦鳞游泳"严格地说，描绘的景象不是鱼在水中游来游去，而是鱼时而跃出水面，时而潜入水中。可见，学生如果能够真正理解汉字，对古文的理解也会更准确深入。

语言运用问题要复杂得多，但笔者认为，就语文教学来说，正确运用语言，可以借助早先翻译界提出的翻译原则：信达雅。信就是准确、真实；达就是要通顺连贯；雅是高标准，就是要表达得体，要有文采。因此，语文教学中涉及语言运用的问题，可以按此三个层次推进。我们经常从一些权威媒体上听到或看到一些语言表达存在不信、不达、不雅的问题，其显然与中小学语文教学中对语言运用问题重视不够有关。下面举几个用错成语的例子。

有人把成语"差强人意"用来表示很不如人意，如："今天球队比赛差强人意，战术水平完全没有发挥出来。""如此差强人意的文章不应该发表出来。"其实这里的"差"是稍微的意思，而"差强人意"是个褒义词，指大体上还叫人满意，典出《后汉书·吴汉传》，是刘秀赞扬手下大将军吴汉的话："吴公差强人意，隐若一敌国矣。"有人把"可圈可点"理解为做事有表现好的方面也有表现不好的方面，或者做出的东西有好的地方也有需要改进的地方，如："这部电影可圈可点，还有不少粗糙的地方。""球队今天虽然赢了，但存在的问题不少，可圈可点。"其实"可圈可点"是个十足的褒义词，本指文章写得精彩，后也指文章等作品或做事情值得称赞。其意义来源于古人读书，对精彩的地方加上圈点标记，圈点的地方越多，则表示书的内容越精彩。有人把"不刊之论"用来形容毫无价值、水平极差的文章、言论，完全用反了。成语本是用来提高言论、文章的表现力的，是"雅"的追求，但是如果理解错误，则连"信""达"的要求都达不到了。

再举几个语法错误的例子。中小学语文教学中不可能系统地讲授汉语语法知识，但句子结构完整、词语搭配得当等一些基本语法规则还是应该让学生掌握的。如"加强……水平""改善……效果／效率"，此类词语搭配形成的句子都是不合语法的。

用词不当、语句不通或不合语法，这就连"信""达"的标准也没达到，更不要说"雅"了。这从反面提醒我们，在语文教学中，必须加强语言运用能力的培养，词语运用不准确，语法上不通，"说""写"的核心素养就没有达标。这些年的中小学语文教材，在培养学生的阅读、写作能力方面努力比较多，但在语言文字运用这样的基本功教学方面，还有待加强。

由此可以看出，能够规范地使用汉字，能够正确地理解汉字，能够规范地使用国家的法定语言，既是语文能力的表现，也是人文素养的表现。

阅读的形而上学：从教材观念到教育实践

——以"鸡豚狗彘""树之以桑"的释义为例

北京大学中文系　常　森

　　孟子政治思想的核心是仁政，仁政之本在"制民之产"。关于"制民之产"的理想举措，孟子对梁惠王说：

　　五亩之宅，树之以桑，五十者可以衣帛矣；鸡豚狗彘之畜，无失其时，七十者可以食肉矣；百亩之田，勿夺其时，数口之家可以无饥矣；谨庠序之教，申之以孝悌之义，颁白者不负戴于道路矣。七十者衣帛食肉，黎民不饥不寒，然而不王者，未之有也！（《孟子·梁惠王上》）

　　孟子对齐宣王则说：

　　五亩之宅，树之以桑，五十者可以衣帛矣；鸡豚狗彘之畜，无失其时，七十者可以食肉矣；百亩之田，勿夺其时，八口之家可以无饥矣；谨庠序之教，申之以孝悌之义，颁白者不负戴于道路矣。老者衣帛食肉，黎民不饥不寒，然而不王者，未之有也！（《孟子·梁惠王上》）

一、"鸡豚狗彘"

1. "豚"与"彘"

　　孟子仁政学说中的"鸡豚狗彘"，颇难解读，一般将"豚""彘"

合并为"猪"。

杨伯峻译为"鸡狗与猪等等家畜""鸡狗与猪这类家畜"。(《孟子译注》，中华书局 1960 年版)

金良年注："鸡豚狗彘：豚是猪，彘是小猪，此处概指农家养殖的家畜。"译为"鸡鸭猪狗"。(《孟子译注》，上海书店出版社 2003 年版，上海古籍出版社 1995 年版、2004 年版)

鲁国尧、马智强译为"鸡、猪和狗一类家畜""鸡、狗猪等禽畜"。(《孟子全译》，江苏古籍出版社 1998 年版)

郑训佐、靳永译为"鸡和猪狗之类家畜"。(《孟子译注》，齐鲁书社 2009 年版)

王刚译为"鸡豚狗彘"。(《孟子译注》，上海三联书店 2013 年版)

人教版高中语文必修三《寡人之于国也》中将其译为"鸡、狗、猪"。

周有光曾质疑常见说法，云："《孟子》：'鸡豚狗彘之畜，无失其时，七十者可以食肉矣。''鸡豚狗彘'是三种动物，还是四种动物？许多翻译家都说是三种动物：'鸡、狗、猪（豚，小猪；彘，大猪）。'但是，为什么说了小猪，又说大猪呢，而且小猪和大猪中间隔着一条狗？"[①]

从表达方式上讲，如果"豚""彘"就是指一般的"猪"，不必分说"豚""彘"。可见这些解释都没有把握孟子本意。从认知理念和方法上讲，学界之所以如此机械地做出上举解释，根源在于孤立、静止、片面地观照孟子所说的"鸡豚狗彘之畜，无失其时，七十者可以食肉矣"。这是一种现代中国观念所排斥的形而上学。其实只要联系孟子相关论说，问题即可迎刃而解。孟子谓"西伯善养老者，制其田里，教之树畜，导其妻子，使养其老"，朱熹集注："田，谓百亩之田。里，谓五亩之宅。树，谓耕桑。畜，谓鸡彘也。"其具体举措是：

[①] 周有光.鸡豚狗彘[M]//语文闲谈·续编下册.北京：生活·读书·新知三联书店，1997.

　　五亩之宅，树墙下以桑，匹妇蚕之，则老者足以衣帛矣；五母鸡，二母彘，无失其时，老者足以无失肉矣；百亩之田，匹夫耕之，八口之家足以无饥矣。(《孟子·尽心上》)

朱熹集注："此文王之政也。一家养母鸡五，母彘二也。"

　　稍事对比可知，这段文字说的其实就是"明君制民之产"的具体举措。结合这段文字以及生猪养殖之实际，可断定孟子在仁政框架中张扬"鸡豚狗彘之畜"，所谓"豚"应该是指小猪。杨伯峻袭"犬豕不期年不得食"旧说[①]，称"豚是小猪，但只能杀以祭祀"，谬。《论语·阳货》："阳货欲见孔子，孔子不见，归孔子豚。孔子时其亡也，而往拜之。"《孟子·滕文公下》："阳货欲见孔子而恶无礼，大夫有赐于士，不得受于其家，则往拜其门。阳货瞰孔子之亡也，而馈孔子蒸豚；孔子亦瞰其亡也，而往拜之……""蒸豚"应该是供食用的。但是孟子在仁政框架中强调"豚"之畜，主要是就养殖而言的，下文将结合"鸡豚狗彘"之"彘"来分析。

　　孟子在仁政框架中提出"鸡豚狗彘之畜"，所谓"彘"应该是指"母彘"，亦即母猪。孟子只说"彘"应该是一个简略的说法。孟子"五母鸡，二母彘，无失其时，老者足以无失肉矣"，堪称铁证。至少孟子之重点在于"母彘"。

　　生猪养殖，根本在于母彘与豚（即俗所谓母猪和小猪仔）。《庄

[①] 古有"犬豕不期年不得食"之说，见《文子·上仁》："先王之法：不掩群而取鷇，不涸泽而渔，不焚林而猎。豺未祭兽，罝罘不得通于野；獭未祭鱼，网罟不得入于水；鹰隼未击，罗网不得张于皋；草木未落，斤斧不得入于山林；昆虫未蛰，不得以火田。育孕不杀，鷇卵不探，鱼不长尺不得取，犬豕不期年不得食。是故万物之发生若蒸气出。先王之所以应时修备，富国利民之道也。非目见而足行之也，欲利民不忘乎心，则民自备矣。"类似制度，见于早期文献者颇多。然凡此之类，既推之为"先王之法"或者"王道"，则当为理论之建构，属于《论衡·齐世篇》所说"法制张设，未必奉行"之类。

子·内篇·德充符》谓仲尼曰："丘也尝使（游）于楚矣，适见豚子食于其死母者，少焉眴若，皆弃之而走。不见己焉尔，不得类焉尔。所爱其母者，非爱其形也，爱使其形者也。"生猪养殖离不开公猪，但重点却不能放在公猪上。因为一头公猪可以解决很多头母猪生殖的问题。而母猪多直接意味着小猪仔多，小猪仔多直接意味着生猪养殖业发达。所以孟子说明君教民畜养"鸡豚狗彘"，关于猪，重在"豚"与"母彘"。

古代或专以"彘"指牝猪。元代贾铭《饮食须知》卷八关于猪肉的介绍："牡曰豭，牝曰彘，子曰豚，牡而去势曰豮。"

2. "鸡"

孟子一方面说"鸡豚狗彘之畜，无失其时，七十者可以食肉矣"，一方面说"五母鸡，二母彘，无失其时，老者足以无失肉矣"，足可证明孟子仁政学说中"鸡豚狗彘"之"鸡"主要是指母鸡。

战国时期，人们已经意识到公鸡对于孵化小鸡的作用。《庄子·内篇·应帝王》："众雌而无雄，而又奚卵（孵育）焉！"《关尹子·四符》："阴阳虽妙，不能卵无雄之雌。"但养鸡之要实在母鸡而不在公鸡。其原因与养猪重点不在公猪一样，一只公鸡可以管很多母鸡的事情。庄子"众雌而无雄"语，落实到养鸡方面，已经显示了少数公鸡搭配一群母鸡的常见生态。鸡可供食用，无须说得太远，《论语·微子》中就有如下记载："子路从而后，遇丈人，以杖荷蓧。……子路拱而立。止子路宿，杀鸡为黍而食之，见其二子焉。"

关于古人吃狗肉，《荀子·荣辱》中有如下记载：

人之情，食欲有刍豢，衣欲有文绣，行欲有舆马，又欲夫余财蓄积之富也；然而穷年累世不知不足，是人之情也。今人之生也，方知蓄鸡狗猪彘，又蓄牛羊，然而食不敢有酒肉；余刀布，有囷窌，然而衣不敢有丝帛；约者有筐箧之藏，然而行不敢有舆马。是何也？非不欲也，几不长虑顾后，而恐无以继之故也。于是又节用御欲，收敛蓄藏以继之也。

二、"树之以桑"

关于"五亩之宅，树之以桑"：

杨伯峻注："在五亩大的宅园中，种植桑树。"（《孟子译注》，中华书局 1960 年版）

金良年译："五亩宅田种植桑树。"（《孟子译注》，上海书店出版社 2003 年版，上海古籍出版社 1995 年版、2004 年版）

鲁国尧、马智强译："五亩田的宅地，（房前屋后）多种桑树"；"五亩的宅地，（房前屋后）栽上桑树"。（《孟子全译》，江苏古籍出版社 1998 年版）

郑训佐、靳永译："在五亩大的宅园中种植桑树"；"在五亩大的住宅四周种上桑树"。（《孟子译注》，齐鲁书社 2009 年版）。

王刚译："在五亩大的宅地中种植桑树。"（《孟子译注》，上海三联书店 2013 年版）

人教版高中语文必修三《寡人之于国也》中将其译为"在五亩住宅的场地上种上桑树"。

以上释义均误。联系孟子述文王之政："五亩之宅，树墙下以桑，匹妇蚕之，则老者足以衣帛矣……"（《孟子·尽心上》）可知"五亩之宅，树之以桑"的意思，就是"五亩之宅，树墙下以桑"。

三、余论

　　"明君制民之产"说在孟子思想体系中具有十分重要的位置，然所谓"鸡豚狗彘之畜""五亩之宅，树之以桑"等，历来不得确解，根源在于孤立、静止、片面地看待相关论说，而不是全面地、联系地、发展地审视对象。我们之所以把这一个案问题提炼为"阅读的形而上学"，是因为它在语文教材及相关教育活动中具有普遍性。换句话说，教材编写理念（落实到课文、练习探究以及相关活动的设置），以及围绕教材的授受考评等活动，是这一问题的重灾区。

　　"连林人不觉，独树众乃奇。"但是世上没有一棵树是真正独立的，它与其他事物存在深刻而复杂的联系。选入教材的课文原本处于各种各样的联系中，既关联同一作者的其他作品，又往往关联史上（亦即纵向的）或同时代的（亦即横向的）其他作品或事物。只有把握这些关联，才能准确把握相关对象的意义和价值。这些关联往往不是现成摆在那里的，需要发现和组织，需要一种很深刻的建构。

统编初高中语文教材古诗文编写特色与问题研究

北京大学中文系　　宋亚云

统编初高中语文教材投入使用后，很多专家、教师发表了相关研究论文，数量已过千篇。这些论文涉及领域主要包括三方面：

一是统编语文教材知识系统及其与人教版语文教材对比研究。如王家伦、陈宇（2017）《部编本初中语文教材四大系统的显著进步》、黄淑琴（2018）《新加坡中学华文新课程研究——基于中国基础教育语文课程改革》第五章《从比较的视角审视"部编本"语文教材》、谢萌萌（2018）《人教版与部编本初中语文教材选文编排方式的比较研究》、丁玉晴（2018）《部编本语文教材：语文素养落到实处》、徐烁娜（2019）《部编本与人教版初中语文教材的比较分析——以七年级（上册）语文教材为例》、郑玉婷（2019）《提升语文核心素养：部编版语文教材教授感悟》、余永明（2021）《部编本初中语文教材知识系统的研究》，等等。

二是统编初高中语文教材教学与学习策略研究。如刘珊、张禹芳（2016）《部编本初中语文教材使用刍议》，沈兰（2017）《关注"部编本"教材，从不同维度教文言诗文》，张华（2019）《逐梦前行——部编语文教材学习使用初体验》，林志堂（2018）《浅议"部编本"背景下对初中古诗文教学的几点思考》，彭春鸿（2018）《"部编本"初中语文教材自读课教学策略探究——基于阅读循环圈理论视域》，宋群（2018）《浅析部编本初中语文名著导读教学——以部编本七年级上册语文课本为例》，彭淑君（2018）《如何落实新编教材"想象与联想"内容教学》，吴甜（2019）《部编本初中语文外国作品编制与教学研究》，赵婷（2019）《部编初中语文教材"课外古诗词诵读"教学策略》，曾欢（2018）《古文结构化教学的原则和策略初探》，肖舒燕（2019）《"典"石成金，"故"而为文——部编本初中语文诗词典故于写作中的活化》，张长胜（2019）《新课程理念下初中文言文教学方法研究》，等等。

三是统编初高中语文教材助读系统和练习系统研究。如傅庆（2018）《统编教材中自读课文的旁批在教学中的应用分析》，蒋延军（2018）《浅谈自读课文助学系统的运用》，胡云、李黛岚（2019）《部编本初中语文教材练习系统研究——以七年级下册为例》，陈莎（2020）《部编本与旧人教版初中教材助读系统比较分析》，吕双（2021）《部编本九年级下册语文教材助读系统研究》，等等。

本文属于第一个领域的研究，首先从编写体例、诗歌构组设计、课外古诗词诵读赏析三方面总结初中语文教材古诗文编写的特色；接着介绍初中语文教材在文言理论知识、古诗文常识、现代汉语知识方面的编排情况，以及高中语文教材在古代汉语知识方面的编排情况；最后指出，统编初中语文教材修订时应该适当介绍学界形成共识的古诗文常识，高中语文教材应该更为系统地介绍古诗文常识，提高学生的理论水平，为拔尖创新人才培养打好基础。

一、统编初中语文教材古诗文编写特色

1. 编写体例严谨，助读系统丰富

统编教材在每一单元均有导语，介绍本单元文章的共同点、学习重点和注意事项。单元中的课文均由预习、文本、注释、思考探究、积累拓展等五部分组成，有的古诗文后面还附有"学习提示""知识框"或"读读写写"。有的单元除课文之外，还有写作、口语交际、综合性学习、名著导读和课外古诗词诵读等内容。其中的综合性学习也涉及古诗文，如八年级下册的"古诗苑漫步""以和为贵"；课外古诗词诵读由文本、注释和赏析三部分组成。有的单元没有阅读和写作，只有"活动·探究"，分三个任务展开学习。

以上的导语、预习、注释、思考探究、积累拓展、学习提示、知识框、读读写写、赏析等，构成了整套教材丰富的助读系统。

初中语文 6 册教材总计编排了 84 首古诗（课文 36 首，课外古诗词诵读 48 首），43 篇古文（《〈论语〉十二章》算 1 篇，《孟子》二章算 2 篇，《世说新语》二则算 2 篇）。

（1）导语

如七年级上册第一单元编排了三篇散文（朱自清《春》、老舍《济南的冬天》、刘湛秋《雨的四季》）和古诗四首（曹操《观沧海》、李白《闻王昌龄左迁龙标遥有此寄》、王湾《次北固山下》、马致远《天净沙·秋思》），单元导语为：

日月经天，江河行地，春风夏雨，秋霜冬雪，大自然生生不息，四时景物美不胜收。本单元课文用优美的语言，描绘了多姿多彩的四季美景，抒发了亲近自然、热爱生活的情怀。

学习本单元，要重视朗读课文，想象文中描绘的情景，领略景物之美；把握好重音和停连，感受汉语声韵之美。还要注意揣摩和品味语言，体会比喻和拟人等修辞手法的表达效果。

第一段介绍本单元课文在内容方面的共同之处，第二段指出学习本单元文章既要重视朗读课文，发挥想象，还要注意揣摩和品味语言，掌握修辞手法。这些要求对提升学生的语言建构与运用能力、审美鉴赏与创造能力、文化传承与理解能力有着重要的作用。这两段文字整饬优美，字斟句酌，读后会有效激发学生的学习兴趣。

（2）预习

如七年级下册《孙权劝学》的"预习"：

你知道"吴下阿蒙"和"刮目相待"的意思吗？这两个成语就出自本文。参考注释，大致读懂课文，了解文章所讲的故事。

朗读课文，注意读出文中人物说话的语气。

第一段强调成语的学习，第二段与课后"思考探究"第三题"诵读下列句子，体会加点词所表示的语气"互相呼应支撑，归于巩固知识点，落实预习要求。

关于注释、思考探究、积累拓展、学习提示、知识框、读读写写、赏析等助读和练习系统的特色和作用，因篇幅限制，本文暂不展开讨论。

2.诗歌构组设计精巧

对于七年级教材将古诗文与现代文混编的做法，学界有一些不同看法，如王家伦指出："如此编排，除了这些文本所承载的内容相近外，找不出其他理由，尤其是与训练有关的。"[①]从八年级开始，古诗文和现代文不再混编，这可能是吸收了批评意见，值得肯定。不过如将一组组古代诗歌看作一个个小单元，其构组的出发点和实际效果，却

---

① 王家伦.语文教学的"平民"建构[M].南京：东南大学出版社，2017.

是令人称道的。如七年级上册第一单元的古代诗歌四首（曹操《观沧海》、李白《闻王昌龄左迁龙标遥有此寄》、王湾《次北固山下》、马致远《天净沙·秋思》）；七年级下册第五单元的古代诗歌五首（陈子昂《登幽州台歌》、杜甫《望岳》、王安石《登飞来峰》、陆游《游山西村》、龚自珍《己亥杂诗（其五）》）。单看两组诗歌，其内部共同点似不明显，但二者一对照，就能看出各组诗歌的共同特色。

3. 课外古诗词诵读赏析文字精彩

展读初中 6 册教材中 48 首课外古诗词诵读中的赏析文字，不由令人赏心悦目。赏析文字知人论世，紧贴文本，解读准确，内容平实易懂，深入浅出，既符合初中生的阅读欣赏水平，也能满足其他层面读者的阅读需求，可谓雅俗共赏、老少咸宜。与单元课文中的古诗词助读系统相比，课外古诗词诵读赏析部分提供的鉴赏意见更充实、具体，对学生自学古诗词能起到重要的引导作用。如九年级上册第三单元中的苏轼《水调歌头》，注释非常简单，对本应该在注释中介绍的时代背景和作词前后苏轼的境况，不着一字，仅指明版本，并解释"水调歌头"是词牌名。"思考探究"部分，要求学生梳理作者的情感变化，说说其中表达了苏轼对人生怎样的思考。"积累拓展"部分又说《行路难（其一）》《酬乐天扬州初逢席上见赠》《水调歌头》"都表现了诗人不如意时的豁达胸怀"。然而《水调歌头》的小序明明说"丙辰中秋，欢饮达旦，大醉，作此篇，兼怀子由"，"欢饮达旦"与"诗人不如意"是存在矛盾的，学界对此多有争议。建议单元课文中的古诗词，最好也能有鉴赏文字，表明编者的看法和意见，而不仅仅是通过"思考探究""积累拓展"中的问题来让学生猜测。

总体而言，课外古诗词诵读部分的赏析文字，是统编教材的一大亮点。兹举几例，以见其功力。如九年级上册刘长卿《长沙过贾谊宅》

下的赏析文字：

刘长卿一生两遭贬谪，郁郁不得志。他经过长沙贾谊故居，心中自然会产生强烈的共鸣。贾谊当年在这里谪居三年，而今风逝云散，只留下万古不变的悲哀。斜阳衰草，寒林空寂，斯人已去，留给后人的只有嗟叹……

赏析文字融今译于串讲之中，不露痕迹，自然准确，对原诗进行了二次创作，单独来看，都可谓是一篇精美的散文。再如对杜甫《月夜忆舍弟》首联"戌鼓断人行，边秋一雁声"和颔联"露从今夜白，月是故乡明"的赏析：

更鼓响过，行人断绝，孤雁的叫声愈显凄切。白露既降，天气转凉，思念亲人，徒增悲伤。诗人的思绪乘着月色飞翔，他在设想故乡的月亮应该更明更亮。

句式整齐而富于变化，音韵和谐而大体押韵，编写者的古文功底和精雕细琢之精神，不禁令人肃然起敬。

二、统编初中语文教材中的汉语知识

1. 文言理论知识

统编初中语文教材古诗文部分基本没有涉及文言理论知识，具体表现为以下四方面：

一是淡化语法知识。注释部分完全不讲语法，如词类活用、各种句式、特殊语序等；知识框基本不讲文言语法，如古汉语的词类，完全没有涉及。

二是淡化文字知识。文言文解释通假字、古今字和异体字不区分术语，汉字形义关系、形体发展演变等知识基本不谈。

三是淡化词汇知识。词汇部分完全不讲词的本义和引申义，基本不讲古今词义的差别。

四是淡化音韵知识。古诗词部分不介绍音韵格律常识，语音部分不讲古今读音的差别。

语法、文字、词汇和音韵知识是古诗文学习的重点，初中教材完全不涉及以上内容，对于古诗文教学的效果是有很大影响的。

2. 古诗文常识

统编初中语文教材虽然介绍了一些古诗文常识，但多是对作家、作品、题材及名言、名句、名联的介绍，如：

七年级下册第二单元中的"爱国诗词小提示""爱国名言小窗口"，第六单元中的"名联欣赏"。

八年级上册第二单元中的"古代关于'信'的名言和故事"，第三单元中的"关于律诗"，第六单元中的"历代名家评《史记》"。

八年级下册第三单元中的"《诗经》简介""综合性学习：古诗苑漫步"，第六单元中的"《礼记·檀弓》故事二则"和白居易的《新乐府序》，以及"综合性学习：以和为贵"。

九年级上册第一单元中的"自主阅读推荐"《唐诗三百首》，第二单元中的"综合性学习：君子自强不息"，第三单元中的《唐诗综论》《苏轼研究》节选，第六单元中的"《水浒传》中有关杨志的回目""《水浒传》——古典小说的阅读"，以及"自主阅读推荐"《世说新语》《聊斋志异》。

九年级下册第三单元中的"《儒林外史》——讽刺作品的阅读"，第五单元中的"《屈原》剧情梗概""戏曲天地"。

教材对古代汉语常识只有零星的介绍，如七年级上册第二单元中的"古代常见的敬辞和谦辞"，八年级下册第三单元中的"古汉语的数量表达方式与现代汉语的不同"。

3. 现代汉语知识

统编初中语文教材在"知识框"中较为系统地介绍了现代汉语修辞、语法、词汇及与写作相关的知识。具体如下：

关于现代汉语修辞知识，七年级上册有比喻、比拟，七年级下册有排比，八年级上册有夸张。

关于现代汉语语法知识，七年级上册有名词、动词、形容词、数词、量词和代词，七年级下册有副词、介词、连词、叹词、拟声词、助词、并列短语、偏正短语、主谓短语、动宾短语、补充短语，八年级上册有句子的成分、句子的主干、句子的语气，八年级下册有语序要合理、句子结构要完整、句式不要杂糅、句子成分搭配要恰当。

关于现代汉语词汇知识，七年级上册有词义和语境、词语的感情色彩、同义词、反义词，九年级上册有单句和复句、递进复句·承接复句、并列复句·选择复句、转折复句·因果复句、假设复句·条件复句、恰当使用关联词语。

与写作相关的知识很多，教材除了在每个单元安排了专门的写作板块，课文后面的练习"读读写写"中也编排有很多与写作相关的知识。

比较统编初中语文教材对古代汉语常识和现代汉语常识的介绍，可以看出二者极不平衡，前者零散、单薄，后者系统、丰富。编者似乎认为，学生到高中阶段再接触古代汉语文言常识也来得及。其实不然。教材如果在初中阶段完全不提文言常识，教师不教，学生不学，等到高中突然出现大量文言理论知识，无论是教师还是学生，都会有些措手不及。因此，初中教材中应适当介绍一些浅易且已形成共识的文言理论知识，供学生初步了解，并为其高中阶段的进一步学习打下一定的基础，做好心理上的准备。

三、统编高中语文教材中的古代汉语知识

与统编初中语文教材中的古代汉语知识相比，高中教材古代汉语知识稍显丰富。下面把高中教材介绍的古代汉语知识列举如下：

必修上册：

曹操《短歌行》学习提示：介绍四言，比兴手法，化用典故，引用诗句。

陶渊明《归园田居（其一）》学习提示：介绍五言。

李白《梦游天姥吟留别》学习提示：介绍七言。

杜甫《登高》学习提示：介绍对仗。

白居易《琵琶行并序》学习提示：介绍长篇乐府。

辛弃疾《永遇乐·京口北固亭怀古》学习提示：介绍用典。

李清照《声声慢（寻寻觅觅）》学习提示：介绍叠字运用。

韩愈《师说》学习提示：介绍"而"表现的语义关系。

必修下册：

《庄子·庖丁解牛》学习提示：介绍语气助词"也、乎、矣、哉、焉"。

司马迁《鸿门宴》学习提示：介绍纪传体史书。

王安石《答司马谏议书》学习提示：古汉语实词义项往往保留在现代汉语的成语和其他词汇中。

杜牧《阿房宫赋》学习提示：介绍一些词的意义与现代汉语的常见意义不同，注意古今词义的不同。

选择性必修中册：

司马迁《屈原列传》学习提示：注意分辨古今有别的双音词，如"明年""诡辩""颜色""形容"。

班固《苏武传》学习提示：介绍词类活用现象，如意动用法（壮）和使动用法（斗）。

贾谊《过秦论》学习提示：介绍名词作状语（"天下云集响应，赢粮而景从"中的"云""响""景"）。

选择性必修下册：

屈原《离骚（节选）》学习提示：注意意象、表达、节奏韵律，感受情感。

《孔雀东南飞并序》学习提示：介绍偏义复词。

李白《蜀道难》学习提示：介绍杂言古体。

杜甫《蜀相》学习提示：介绍七言律诗。

姜夔《扬州慢（淮左名都）》学习提示：介绍音律、词牌及声韵之美。

李密《陈情表》学习提示：介绍敬辞和谦辞。

陶渊明《归去来兮辞并序》学习提示：理解情感，感受骈偶押韵的语言特色。

柳宗元《种树郭橐驼传》学习提示：介绍人称代词。

以上知识涉及语法、词汇、修辞、音韵及文体、用典等多个方面，相比初中语文教材对古代汉语知识的介绍丰富了很多，但仍然不够系统，有的点到为止，有的没有展开。特别是选择性必修上册完全不涉及任何古汉语常识。顺便指出，统编高中语文教材体例较为简单，每一单元仅有课文、注释及学习提示，缺少丰富的助读系统及用于复习巩固的练习系统，不少一线教师感觉用起来不太顺手，缺少抓手。

四、统编高中语文教材的选文版本

统编教材在课文选取上比较慎重，在注释中指明所用版本。而在版本选择方面，统编教材也有值得称道之处，主要表现在三方面。

一是采用更新的版本，注重吸收学界成果。

如《鸿门宴》，人教版节选自中华书局 1963 年版《史记》，统编版节选自中华书局 2014 年版《史记》。采用经过校订、吸收最新研究成果的 2014 年版《史记》的做法，无疑更为可取。

《短歌行》，人教版选自中华书局 1976 年版《曹操集》，统编版选自中华书局 2013 年版《曹操集·诗集》。

《登高》，人教版选自中华书局 1979 年版《杜诗详注》，统编版选自中华书局 2015 年版《杜诗详注》卷二十。

《念奴娇·赤壁怀古》，人教版选自商务印书馆 1958 年版《东坡乐府笺》，统编版选自上海古籍出版社 2009 年版《东坡乐府笺》卷二。

《永遇乐·京口北固亭怀古》，人教版选自古典文献出版社 1957 年版《稼轩词编年笺注》，统编版选自上海古籍出版社 1993 年版《稼轩词编年笺注》卷五。

很多选文不仅采用更新的版本，而且指明具体卷数，方便查检。

二是选用权威校注、笺注、集解本。

如《孔雀东南飞》，人教版选自文学古籍刊行社 1955 年版《玉台新咏》卷一，统编版选自中华书局 1985 年版《玉台新咏笺注》上册卷一。

《蜀道难》，人教版选自中华书局 1977 年版《李太白全集》，统编版选自上海古籍出版社 1980 年版《李白集校注》卷三。

《琵琶行》，人教版选自文学古籍刊行社 1955 年版《白氏长庆集》，统编版选自上海古籍出版社 1988 年版《白居易集笺校》卷十二。

《劝学》，人教版节选自《荀子·劝学》，统编版选自中华书局 1988 年版《荀子集解》卷一。

《过秦论》，人教版选自贾谊《新书》，统编版选自中华书局 2000 年版《新书校注》卷一。

《师说》，人教版选自《昌黎先生集》，统编版选自上海古籍出版社

1986 年版《韩昌黎文集校注》卷一。

《望海潮》，人教版选自上海古籍出版社 1988 年版《乐章集》，统编版选自中华书局 2015 年版《乐章集校注》中编。

三是换用权威版本。

如《涉江采芙蓉》，人教版和统编版均选自上海古籍出版社 1986 年版《文选》，但是《陈情表》，人教版选自中华书局 1977 年版《文选》，版本不统一，统编版则仍然使用上海古籍出版社 1986 年版。

又如《林教头风雪山神庙》，人教版节选自人民文学出版社 1973 年版《水浒》（七十一回本）第十回，统编版选自上海古籍出版社 2015 年版《水浒传》第九回。

统编高中语文教材古诗文在版本选择方面，也存在一些问题：

一是弃用《十三经注疏》本，选用译注类作底本。

如《烛之武退秦师》，人教版选自中华书局 1980 年版《十三经注疏》，统编版选自中华书局 1990 年版《春秋左传注》。

《氓》，人教版选自中华书局 1980 年版《十三经注疏》，统编版选自中华书局 1991 年版《诗经注析》。

二是前后使用版本不统一。

如《归园田居（其一）》选自中华书局 2003 年版《陶渊明集笺注》卷二，《归去来兮辞并序》则选自中华书局 1979 年版《陶渊明集》卷五。

《子路、曾皙、冉有、公西华侍坐》选自中华书局 1980 年版《论语译注》，《〈论语〉十二章》选自中华书局 2006 年版《论语译注》，前后不统一，应当用中华书局 2006 年版。不过用《十三经注疏》本似更好。

《齐桓晋文之事》选自中华书局 1960 年版《孟子译注》，《人皆有不忍人之心》选自中华书局 2008 年版《孟子译注》，前后不统一，应当用中华书局 2008 年版。不过用《十三经注疏》本似更好。

三是"舍近求远",使用更早期的版本。如《锦瑟》,人教版选自中华书局 1998 年版《李商隐诗歌集解》,统编版选自上海古籍出版社 1979 年版《玉谿生诗集笺注》卷二。

以上统计和分析表明,无论是统编初中语文教材,还是高中语文教材,对于古诗文常识的介绍都是不够的,前者基本没有介绍,后者则不成体系,大都隐藏在助读体系和练习体系中。统编初中语文教材修订时应该适当介绍学界形成共识的古诗文常识,而高中语文教材应该更为系统地介绍古诗文常识,提高学生的理论水平,使学生更为牢固地掌握语文知识,为拔尖创新人才培养打好基础。

关于写作教材内容构成要素的思考

——兼论统编初中语文教材写作内容的特点

北京师范大学文学院　张燕玲

写作教学是语文教学的重中之重，特别是初中阶段的写作教学，承上启下，对学生作文能力的奠基和培养意义重大。小学阶段，一、二年级重在识字写字，作文仅仅只要求写话；三至六年级的习作多以激发兴趣、打开思路，练习片段和短文为主，虽然也涉及了写人记事、说理言情、说明演讲等诸多文体及写作表现手法，但也还是以"放胆文"为标准，对文章规范及文体问题没有明确而具体的要求，也没有较为完整的写作序列和体系。而初中的写作就不同了，与小学阶段相比是质的提升与进阶。如何在初中阶段实现写作教学的飞跃，教材的编写思路及质量就显得尤为重要。教材的写作内容究竟应该怎样编写，我们不仅要从历史发展的维度来考察，更要结合我们对写作的目标要求来审视，根据现实的问题来反馈。

一、我国传统写作教材的基本类别

我国传统的写作教材基本上分为两类：一类是文选型的写作教材，

即通过一篇篇选文教写作，如南宋谢枋得编写的《文章轨范》；另一类是知识型写作教材，即以审题、立意、布局、谋篇的过程性写作知识和关于文章结构的知识指导写作，如元代倪士毅编写的《作文要诀》。

"五四"以后，在西学东渐和白话文进入中小学教材的历史背景下，一大批研究白话文作文法、作文教学法的论著陆续出现，如陈望道的《作文法讲义》（1922），叶圣陶的《作文论》（1924），梁启超的《中学以上作文教学法》（1925），夏丏尊、刘薰宇的《文章作法》（1926），胡怀琛的《作文研究》（1927），叶圣陶、夏丏尊的《阅读与写作》（1938），等等。梁启超把文章分为三大类：记载之文、论辩之文、情感之文。叶圣陶在《作文论》中对叙述、议论、抒情、描写四类文章的特点和作法进行了详细说明。文体知识成为现代写作教学知识体系的核心构成。

一直到二十世纪八九十年代，文体知识一直是中小学写作知识体系的主干，写作教学的目的，也从传统的教学生掌握写一篇文章的知识转向教学生掌握写文章的技能。文体分类使写作知识教学实现转"篇"为"体"、转"个"为"类"的两大转变，所致力于培养的是学生"普通文"（记叙文、说明文、议论文）的写作能力。

我国传统的语文教材是文选型教材。在这类教材中，写作知识以"语感"的形式隐于选文之中。对于这类知识，古代私塾的做法通常是以"范文死读"、潜移默化的方式，"通过语感来培养语感"。学生以一种无意识的状态自行摸索写作的语感，通过"内隐学习"获得写作的知识与能力。这是"只可意会，不可言传"的方式，把学生赶入了幽暗不明的知识胡同里去，只有通过大量的实践，学生才能在大量选文中"悟"出写作知识，达到"操千曲而后晓声，观千剑而后识器"的效果。但是，从阅读到写作，只存在迁移的可能性，而非必然性。多读可能会写，但多读不必然会写。因为阅读与写作毕竟是两种不同的学习行为，鉴赏一篇好文章是一回事，写出一篇好文章是另一回事。以范文隐性呈现写作知识，因为其"难以言说"和"不加言说"的默会性、感悟性，所以并不利于学生明确有效地掌握作文方法，也不利于教学效率的提高。相对于只给范文以供死读模仿来说，"评点式"写作知识的呈现方式，给"幽暗不明"的教学胡同里照进了几缕微弱的光线，写作知识的呈现方式开始从隐性向显性转化。

现代语文教材编写的特色是以语文知识的学科化为中心，在写作上则体现为写作知识以知识短文的形式呈现，是系统的习作教材插入了选文中间。这就形成了"选文—注解—文章作法—作文练习"的教材编写构架，开创了语文教材读写混编、以"文章作法"呈现写作知识内容的新体例。写作知识在语文教材中从隐性知识向显性知识转变，从零散、玄妙的显性知识向系统、周密的显性知识转变，且追求编写的学科性。夏丏尊与叶圣陶的《国文百八课》就是读写结合、以写为主、按文体组织单元、以写作知识传授为目的编写的教材典范。然而，"读写混编"一度又被当成了写作教学科学化的绊脚石。无论是写作知识的"学科化"还是写作知识的"科学化"，共同点是都聚焦"写作知识要素是什么""写作知识在教材中应该如何组织"，但知识短文的呈现方式以及知识教学的可操作性与有效性等问题，并没有进入教材编写者的视野。

二十世纪九十年代以来，在语文学科知识教学上，教育界出现了一种"淡化知识"的观点，甚至还出现了贬低知识教学的暗流，把知识教学与能力培养对立起来，提出写作教学要实现从知识传授向能力培养转移的说法。课标提出"不宜刻意追求语文知识的系统和完整"。这对于写作教学的影响是，课堂教学缺乏知识性、技术性的支持。当文体知识被忽视以后，写作教学往往被随意的写作练习取代。

二、写作观念制约下的写作目标的确立，构成了写作教材的主要内容

几乎历次的语文教学大纲、课标都把"应用文写作"列为必教的内容，体现了我国写作教学"致用"的主导思想。比如，在写作内容选取上强调与生活的联系，写作教学要"鼓励学生积极参与生活，体验人生，关注社会热点"等，都不同程度地表明写作目标生活化、实用化的导向。实用，可以说是我国百年写作教学一以贯之的取向。叶圣陶先生说："练习作文是为了一辈子学习的需要，工作的需要，生活的需要，并不是为了应付升学考试，也不是为了当专业作家。"他主张：（1）作文命题应该贴近学生生活实际，让学生有话可说，因为"实际作文皆有作为而发，言各有的，辞不徒作"。（2）作文评价主要看内容是否达意，而不是看技巧是否圆熟，因为"文字作用端在达意"。（3）作文教学致力于"修辞立其诚""我手写我口"等好习惯的养成，因为好的习惯才能使学生在"生活上终身受用"。（4）一定要教会学生"自行评改"作文，教是为了达到不需要教。独立的学习能力是学生在离开学校后继续学习、终身学习的必要条件。

在"写以致用"思想主导下，记叙文、说明文和议论文的文体特征掌握，成为我国写作教学的主要目标。叶圣陶曾经这样阐述："其实国文所包的范围很宽广，文学只是其中一个较小的范围，文学之外，同样包在国文的大范围里头的还有非文学的文章，就是普通文。这包括书信、宣言、报告书、说明书等等应用文，以及平正地写状一件东西载录一件事情的记叙文，条畅地阐明一个原理发挥一个意见的论说文。中学生要应付生活，阅读与写作的训练就不能不在文学之外，同时以这种普通文为对象。"

记叙文、议论文和说明文的练习被认为是"一切写作的通用之基

础"，因为几乎所有文章，都是记叙、说明、议论、描写和抒情等表达方式的综合运用。只有掌握了这些表达方式，在此基础上去写各种具体文体的文章才会游刃有余。

但这三大文体在二十一世纪初的"淡化文体"讨论中被称为"教学文体""伪文体"，认为它们渐渐演变为纯粹的"习作性"文体，有点类似于古代的"对策""八股文""试帖诗"，只是用来练习和考核文字能力的，与日常实际运用的文体无关。这种"伪文体"的写作教学被认为"实际上是绕了一个弯路，甚至可以说是误入歧途"，是二十世纪写作教学失败的重要原因之一。[①]

三、写作能力因素和学生写作问题是写作教学内容依据

无论什么文体，归根结底，写作教学的内容应当是影响写作能力形成的知识或要素。写作教学的内容应当围绕以下知识和要素展开：

一是有没有兴趣写的问题。在中学生中流传着这样一句顺口溜："一怕文言文，二怕周树人，三怕写作文。"学生是否具有表达的意愿，是否乐于写作，是写作教学的首要问题。因此语文课标在学段目标中就有"乐于书面表达，增强习作的自信心。愿意与他人分享习作的快乐"的表述。

二是"写什么"的问题。这是关乎"有没有米下锅"的问题，也即写作的材料问题。常言说"巧妇难为无米之炊"，直接的生活体验、观察、感受、认识的欠缺，间接材料的阅读积累的短板，使得学生在写作时常常是搜肠刮肚，内容贫乏。

三是"怎么写"的问题，即"文章作法"，包括审题立意、谋篇布

---

① 潘新和."文体""教学文体"及其他 [J]. 中学语文教学，2007（12）.

局、遣词造句的知识与能力，包括对社会生活认识的深刻性、新颖性、辩证性、全面性、批判性等思维能力，包括对各类文体的驾驭和修改文章的能力，等等。这是影响和制约写作能力的重中之重。

四、统编初中语文教材写作内容的特点

我们先宏观了解一下统编初中语文教材写作部分的内容构成与分布：

统编初中语文教材作文一览表

册数	单元	写作内容	写作实践
七年级上册	第一单元	热爱生活热爱写作	一、片段写作：由夏入秋的景物变化； 二、写来到新校园的见闻感受； 三、写成长中的欢笑与泪水
	第二单元	学会记事	一、为简短的记事"添枝加叶"； 二、以《那一次，我真＿＿》为题写一篇作文； 三、以《我们是一家人》为题写一篇作文
	第三单元	写人要抓住特点	一、片段写作：为班上同学"画"人物肖像； 二、将前面的片段扩展为一篇以写人为主的记叙文； 三、围绕"我的偶像"这一话题写一篇记叙文
	第四单元	思路要清晰	一、为以《＿＿二三事》为题的记人文章，列出提纲； 二、以《这天，我回家晚了》为题写一篇记叙文； 三、以《对＿＿＿＿的一次采访》为题写一篇作文
	第五单元	如何突出中心	一、以"书包"为话题写一篇作文，从"我的书包、我和书包、我是书包"中自选角度，确立中心； 二、以《餐桌前的谈话》为题写一篇作文； 三、以"走出校园"为话题写一篇作文

续表

册数	单元	写作内容	写作实践
	第六单元	发挥联想和想象	一、故事接龙，写出一个完整的故事； 二、续写《皇帝的新装》； 三、以《十年后的我》为题写一篇作文
七年级下册	第一单元	写出人物精神	一、以《我的好朋友》为题写一个200字左右的片段； 二、以《争论》为题写一篇作文，描摹争论中人们的不同表现； 三、以《这样的人让我_____》为题写一篇作文
	第二单元	学习抒情	一、写一段话，抒发某种情感，如幸福、喜悦、痛苦、忧伤、渴望等； 二、以《乡情》为题写一篇作文； 三、以《我的烦恼》为题写一篇作文
	第三单元	抓住细节	一、修改前两个单元写的作文，看看是否做到了抓住细节进行描写； 二、以《_____的那一刻》为题写一篇作文； 三、以《照片里的故事》为题写一篇作文
	第四单元	怎样选材	一、围绕"熟悉的街道"确定表达的中心，选择材料并注明详略； 二、以《晒晒我们班的"牛人"》为题写一篇作文； 三、以《我的一天》为题写一篇作文
	第五单元	文从字顺	一、选择喜欢的景或物写一个片段； 二、将上面写的片段扩展为一篇借景抒情或托物言志的作文； 三、以《月亮》为题写一篇作文
	第六单元	语言简明	一、修改不够简明的一段话； 二、以简明的语言概括《带上她的眼睛》的主要内容； 三、围绕航天、生物、计算机、新能源等科技主题，写一篇想象作文

续表

册数	单元	写作内容	写作实践
八年级上册	第一单元	怎样写新闻	一、必做任务：写一则消息； 二、自选任务：从新闻特写、人物通讯、事件通讯、背景资料、新闻花絮中任选一项完成写作； 三、拓展任务：编辑制作报纸或新闻网页
	第二单元	学写传记	一、写一段自我介绍； 二、为家人写一篇小传； 三、为同学写一篇小传
	第三单元	学习描写景物	一、围绕"校园一景"写一个片段； 二、以《窗外》为题写一篇作文； 三、选择一个季节，以《我爱_____季》为题写一篇作文
	第四单元	语言要连贯	一、修改不连贯作文片段； 二、以《节日》为题写一篇散文； 三、试就自己动手做事的经历写一篇作文
	第五单元	说明事物要抓住特征	一、利用材料，抓住坎儿井的一两个特征，整理出一篇说明文； 二、写一篇说明文，向大家介绍某一建筑； 三、选取最熟悉的一种物品作为写作对象，以《我的生活少不了它》为题写一篇说明文
	第六单元	表达要得体	一、修改表达不得体的班会发言稿； 二、以学生会的名义写一份邀请领导、专家学者、环保热心人士、家长和其他学校的师生等（任选一个）作为嘉宾的"环境保护月"活动的邀请函； 三、以班级的名义写一份倡导节约、低碳、环保理念的倡议书

册数	单元	写作内容	写作实践
八年级下册	第一单元	学习仿写	一、仿写《安塞腰鼓》片段，运用排比、反复、比喻等修辞手法； 二、选择鲁迅写"我"看社戏过程中的心情或莫顿·亨特写"我"爬下悬崖时的心态的片段加以模仿，写一个心理描写的片段； 三、模仿《背影》《秋天的怀念》的写法，写一篇作文
	第二单元	说明的顺序	一、以"我的小天地"为话题，写一个片段，向别人介绍它； 二、写一篇文章，介绍智能手机、平板电脑、电视机顶盒或无线路由器等科技产品的功能和使用方法； 三、以"介绍我周围的环境"为话题写一篇事理说明文
	第三单元	学写读后感	一、就本学期学过的某篇课文写一则随感； 二、就读过的某部名著写一篇读后感； 三、选择一部印象深刻的电影、电视剧写一篇观后感
	第四单元	撰写演讲稿	参考"我的梦想""让爱永驻心中""书香，伴我成长""竞聘职务"等话题写一篇演讲稿
	第五单元	学写游记	一、围绕游览过的景点的一处风景写一个片段； 二、选择一处自己游览过的景点写一篇游记； 三、以《参观_____》为题写一篇参观记
	第六单元	学写故事	一、以小组为单位开展故事接龙活动； 二、以身边或社会上发生的某件事为素材，写一篇故事； 三、以《_____的故事》为题写一篇作文

续表

册数	单元	写作内容	写作实践
九年级上册	第一单元	诗歌创作	一、诗歌《礼物》续写； 二、写一首给朋友的生日祝福诗歌； 三、或与《我爱这土地》《乡愁》同题创作诗歌，或以《你是＿＿》《我看》为题，创作表达形式相近的诗歌
	第二单元	观点要明确	一、阅读关于"好奇"的语句，从表达观点是否清楚的角度进行判断、评价，然后选定其中的一个观点，列出作文提纲； 二、在所列提纲基础上写一段议论性文字； 三、以"青少年如何对待电子游戏"为话题写一篇议论性文章
	第三单元	议论要言之有据	一、开辟"素材库"，把平时生活中发现的典型事例、统计数据、名言警句、精辟见解等及时摘录下来，并按内容进行分类； 二、以《谈诚信》为题写一篇议论文； 三、以对"先天下之忧而忧，后天下之乐而乐"的看法写一篇议论文
	第四单元	学习缩写	一、从学过的小说中选择一篇，尝试缩写； 二、从学过的议论性文章中选择一篇，进行缩写； 三、建"班级读书档案"，以缩写的方式介绍自己最喜欢的一本书
	第五单元	论证要合理	一、写一段文字论证"做学问不要盲从或迷信，要有怀疑的精神"； 二、以"知足与快乐"为话题写一篇议论文； 三、写一篇对"近朱者赤，近墨者黑"的驳论文
	第六单元	学习改写	一、选取一则古代寓言，用现代汉语改写成一篇小故事； 二、从学过的小说中选择一篇，改变原来的叙事视角，换成另一个人物的口吻来讲述这个故事； 三、将本单元的一篇小说改写成课本剧

册数	单元	写作内容	写作实践
九年级下册	第一单元	学习扩写	一、选择学过的诗歌作为例子，扩写给出的一段话； 二、将给出的材料扩写为一篇文章； 三、将给出的语段扩写为一篇议论文
	第二单元	审题立意	一、列出所给材料的两三个写作主题； 二、从给出的主题中选择一个写一篇作文； 三、以《翻过那座山》为题写一篇记叙性文章
	第三单元	布局谋篇	一、以《家乡的名片》为题写一篇作文； 二、阅读材料，从中选择感触最深的一点写故事或感悟； 三、以《在路上》为题写一篇作文
	第四单元	修改润色	一、修改润色习作《寻人启事》； 二、从"言"和"意"两个方面修改自己写过的作文； 三、以《谈谈我的写作》为题写一篇作文
	第六单元	有创意地表达	一、选择一篇你觉得有创意的文章，写推荐语； 二、围绕话题"我的老师（同学、朋友）"，写一篇有创意的作文； 三、以《春天的色彩》为题写一篇作文

结合上文的分析，我们可以归纳出统编教材在写作方面的编排特点：

第一，基本没有脱离百年写作教材框架，还是选文和写作知识的混编。这似乎是我们能够做到的最大限度提高写作教学效率的选择。它既符合"学科性"，也在某种程度上体现写作自身的"科学性"。把教材中的写作内容汇总在一起，我们似乎可以看到其内在的学科系统性。

第二，关注和加入了"三大文体"之外的文学类文体小说、诗歌的写作，也关注演讲词、新闻、读后感、传记、邀请函、倡议书等实用类文体的写作，是对"写以致用"传统的承继。但"三大文体"依然是主要的"基本"文体，写人记事、写景状物、说明议论、抒情描写依然是写作教学丢弃不掉的基本表现手法和写作的基本能力。

第三，着眼影响写作的兴趣、材料（写什么）、技法（怎么写）等诸多要素。如七年级上册第一单元"热爱生活，热爱写作"就是写作兴趣的培养。对于写什么的问题，教材更是给出了打开学生思路和调动学生生活积累等多种办法，如八年级上册第三单元的写作实践二：

你留意过自家窗外的景物吗？或许是车水马龙的道路，或许是花木茂盛的园圃，或许是小伙伴们玩耍的场地……以《窗外》为题，写一篇作文。不少于 500 字。

提示：

1. 注意描写范围的选择。可以将窗户当作一个"画框"，只描写"画框"内的风景，也可以将视野扩大至窗外能看到的所有景物；可以选取窗外景物的一个局部进行细致描绘，也可以整体勾勒，把握全局。

2. 可以根据窗口所处的高度，选取一个主要的观察视角，再辅以其他角度灵活描写。还要注意调动多种感官，使景物描写更加生动。

3. 可以围绕窗外景色最主要的特点，给景物描写定一个基调，如美丽、欢乐、忙碌等，描写时注意融入自己的情感。

不仅命题有内容的提示与开掘，"提示"更是对如何选材、立意予以具体的指导。这种指导针对学生写作的实际，更具有操作性，是真正对学生给予有效指导，真正落地的内容。

第四，读写结合较为紧密，以教材范文为例加以具体的指导。如八年级上册第三单元"学习描写景物"，就结合《春》《紫藤萝瀑布》《三峡》《雨的四季》等课文，让学生体悟、借鉴；第五单元"说明事物要抓住特征"则结合《蝉》《中国石拱桥》《梦回繁华》等课文，进行写作内容的阐发指导。同时也关注仿写借鉴。

第五，在写作训练上，既有片段性的习作练习，也有完整篇章的写作。每个写作实践的第一项内容基本都是写作片段的练习和写作活动的开展，如七年级下册第二单元写作实践一：

片段作文。写一段话，抒发某种情感，如幸福、喜悦、痛苦、忧伤、渴望等。200 字左右。

提示：

1. 可以描写场面、事物，也可以叙述故事。情感的抒发要有内容，有凭借。

2. 根据内容特点和表达需要，选择合适的抒情方式。

七年级下册第五单元写作实践一：

选择你喜欢的景或物，写一个片段。想好再下笔，注意语句的连贯、顺畅。不少于 200 字。

提示：

1. 注意观察景或物的特别之处，如形状、色彩等。

2. 可以借鉴《紫藤萝瀑布》和《一棵小桃树》描写景物的方法。

八年级下册第二单元写作实践一：

你有自己特别熟悉、喜欢的小天地吧？比如你自己的房间、你在教室里的座位、校园里的某个角落等。以"我的小天地"为话题，写一个片段，向别人介绍它。200 字左右。

提示：

1. 确定说明对象后，先考虑写哪些内容，然后选择合适的说明顺序。

2. 写作中，注意准确使用方位词，这样能使介绍更加清楚。

这样循序渐进、由局部到整体、由易到难的训练方式，能更好地帮助学生克服写作上的畏难情绪，获得写作的满足感和成就感，激发写作的兴趣。

第六，写作内容几乎关涉到了我们前面所提的影响写作的诸要素，内容全面系统，有序列，全覆盖，相对自成体系。写作知识内容充分，指导性较强，既有对"三大文体"的关注与训练，又有对文学文体和实用文体的关照，更充分重视写作技能的指导，如写人要抓住特点、如何突出中心、如何选材、抓住事物特征、审题立意，等等。记叙在写作教学的内容上占据了基础的地位，即使是对写作技能的训练，也是以"三大文体"，特别是记叙性文体为写作实践内容。

第七，写作知识得到了充分的重视，内容丰富、细致，真正使教材不仅是教师的教本，更是学生的读本。初中每学期六个单元，六个写作内容（九年级下册为五个单元，有一个戏剧排演），三年共三十五个写作单元，而且在写作指导方面，每个写作单元都编排有七八百字的写作知识。

五、教材存在的不足

首先，写作知识的系统性、完整性还不够，比如如何描写、叙述，如何开头、结尾、安排详略，论证有哪些方法……这些局部、片段的训练还不够充分。教材写作实践的三项内容中，片段写作只有一项，完整作文写作是两项。其实可以颠倒一下，片段写作训练两项，完整作文写作一项。写作训练也和运动员训练一样，要把整体的能力拆解为若干项能力训练。局部训练充分了、强化了，学生连缀成篇的能力才能显现。

其次，文体要求不明确、不具体，未能旗帜鲜明地谈文体、提出文体要求。关于文体的讨论由来已久，近些年来，无论课标还是中高考都刻意淡化文体，甚至有学者提出"三大文体"是"教学文体""伪文体"。在文体问题上，有很多学理问题没有厘清，我们所要求的文体是文学层面的诗歌、小说、散文、戏剧的文体，还是叙事类、抒情类、戏剧类的表达方式层面的文体，抑或是文章学层面的记叙文、说明文、议论文、实用文的文体？这些文体常常混淆在一起，模糊不清，交叉重叠，似是而非。文体是客观存在，来源于现实需求，是我们对古已有之的诸多用于我们实际生活中的文章类型的归纳总结，因此写作教学也应该根据现实需要选择和规范文体。

再次，有些单元写作内容与单元篇目的结合较为勉强。比如，八年级上册第三单元的课文《三峡》、《短文二篇》(《答谢中书书》《记承天寺夜游》)、《与朱元思书》、《唐诗五首》(《野望》《黄鹤楼》《使至塞上》《渡荆门送别》《钱塘湖春行》)，以及整本书阅读《红星照耀中国》中，与写作内容"学习描写景物"相关的只有《三峡》。九年级上册第三单元的选文为《岳阳楼记》《醉翁亭记》《湖心亭看雪》，以及诗词三首(《行路难》《酬乐天扬州初逢席上见赠》《水调歌头》)，作文的内容是"议论要言之有据"。由于写作自成体系，阅读单元组元的两条线索人文主题与语文要素无法做到完全契合，但这恐怕是教材编写在体例上不可避免的问题。因此，教师在使用教材时，有时还要从初中六册教材的整体出发，打破单元的界限，以切实做到读写结合。

最后，初小衔接、初高衔接还不够，甚至是各行其是，各成体系，很多内容有交叉、重复，没有凸显进阶内容。小学习作中就涉及了写人记事、说明议论的写作内容与要求，其与初中的写人记事、说明议论有什么质的区别吗？具体要求有什么不同？教材没有体现。高中阶段也有诗歌、演讲词、小说的写作，它们与初中阶段的写作之间又是怎样的关系？从目前教材呈现的内容来看，小、初、高教材的各说各话，使得本应螺旋式进阶的写作内容之间缺乏了关联与提升。

名著阅读教学的整体设计、内容选择及策略

北京市东城区教育科学研究院　计静晨

在《普通高中语文课程标准（2017 年版 2020 年修订）》中，"整本书阅读与研讨"任务群是贯穿高中语文必修、选修阶段的重要内容，这使得整本书阅读成为高中语文教学实施的重点。尤其是经典名著，因其具有语言、文学双重教育价值，不仅成为课堂教学的重点，也成为考试测评的重点。然而名著阅读在其实施过程中尚存在一些问题，使学生的学习陷入形式化、简单化、碎片化的困境中。那么如何解决呢？本文拟从名著阅读教学的整体设计、内容选择、教学策略和方法三方面展开分析并提出建议。

一、整体的教学设计应突出阶段性特点

经典名著的教学时间普遍较长，往往持续数周。这一方面是因为目前高中生课业负担仍比较重，自主阅读的时间不充裕；另一方面是因为经典名著的阅读具有很强的个性化色彩，学生的阅读习惯、兴趣、方式、成果有明显差异，难以强求一致。而这种差异恰恰可以成为学生语言建构、思维与审美能力发展的促进因素，因此教师应尊重保护

这种差异，助其生成，促其碰撞。学生在名著阅读过程中会逐渐加深对作品内容的理解，实现从感性向理性的认识飞跃，这使得阅读必然呈现出阶段性特点。急于求成容易导致本来积极的阅读活动退变为简单的知识传递或单一的能力训练。这就要求教师突破以往单篇短章教学多以文本和知识为核心，两三个问题解决为主要教学过程的常态设计，从学科核心素养的角度确定教学目标，整合教学资源，以学生的阅读实践为中心设计教学过程，统筹安排课上课下、校内校外的学习任务。

教师在进行整体设计时，要根据阅读规律和学生语文关键能力发展的阶段性特点确定教学思路，使之适应学生的阅读需求，避免出现"虎头蛇尾"的现象。例如，在"初读"阶段设计以自主阅读为主的语文活动，目的是激趣和助解，以利于学生完成通读，形成初读体验；在"深读"阶段设计问题探究、任务驱动、项目学习等语文活动，使学生在具体问题或任务的聚焦中积累言语经验、寻找阅读方法，获得更为丰富、深刻的感悟；在"重读"阶段设计指向个人阅读经验积累、知识建构的样例复制阅读、深入探究阅读和拓展阅读，帮助学生深化阅读感悟，建构个性化的阅读方法。

二、选择典型的教学内容

经典名著往往篇幅较长、内容复杂、内涵丰富，但由于教学时间有限，如果教学内容面面俱到，会极大地增加师生的负担，打击学生的阅读积极性。我们可以从作品、课程、学生三个维度确定一部名著的教学内容，克服教学内容的"选择困难"。

首先，选择名著的核心、主干内容以及最有特色的艺术表现手法作为学习的重点。从文学研究和审美的角度来看，每一部经典名著都有非常丰富的学习内容。例如《红楼梦》，百科全书式的内容、宏大精致的结构、丰富的文学艺术表现形式、充满哲理意味的主题等，其可讲可学的东西实在不可胜数。对此，我们可以选择林黛玉、贾宝玉、薛宝钗等核心人物及其主要情节，有多重意义功能的诗词联对等作为主要教学内容。

其次，从语文课程目标要求的角度来确定教学内容。进入课程的教学内容，必须是有利于学生语言建构、思维发展、审美鉴赏、文化理解等核心素养发展的内容。换句话说，一个文本的内容在整个学科中的价值以及对学生语文素养发展的贡献，决定了它是否能成为教学重点。以此来观照《红楼梦》教学内容的选取，相比作品结构、重大事件，人物形象的解读更易成为"深读"阶段的教学内容。尤其是王熙凤、薛宝钗等主要人物，性格比较复杂，作品中涉及她们的言语材料非常丰富，作者采用的创作方法也很多样，这就为阅读与鉴赏、表达与交流、梳理与探究等语文活动提供了多种多样的素材，也有利于创设指向学科核心素养发展的问题情境。

最后，学生在不同的阅读阶段产生的真实问题也是确定教学内容的重要参考。例如，有老师在《平凡的世界》阅读教学中发现学生对田润叶这个人物很感兴趣，不理解为什么作者把她写得那么不幸。于是老师以此为重点研读内容，开发了"《平凡的世界》中的女性形象"专题，从田润叶的人生经历入手探寻《平凡的世界》中的人性美。又如，某老师在开展"红色经典"阅读教学时，经过初读反馈，发现学生对英雄人物的理解比较笼统，有隔膜感，于是放弃了最初以江姐等人物为研究重点的设想，改为把林道静、刘思扬等"成长者"作为研读重点，引导学生整合文本内容，开展自主合作探究，最终获得了很好的教学效果。

三、运用典型的教学策略和方法

经典名著阅读教学中的典型策略和方法，其本质特征是以学生的学为中心开展"积极的语言实践活动"，包括设计整合性的学习任务、创设真实的读写情境、搭建推动深入思考和表达的互动交流平台等。无论是哪种策略和方法，都是为了将学生导向"真实的阅读"，使学生真读、真思，进而真有所得。

首先，设计整合性强的学习任务。

名著的阅读过程具有情境性、复杂性、开放性和探究性等特点，有利于开展"整合式学习和深度建构学习"[①]。教学时，教师可以通过创设相对完整的任务情境来组织学生开展较为复杂的学习活动，如绘制情节发展导图、制作人物图鉴、整合作品内容开展专题学习等，并通过设置重点探究问题来引导学生着眼整部作品的情节、人物、场景等，在探究问题的驱动下，深入思考，反复品读，生成较为丰富的、个性化的阅读体验。例如在《平凡的世界》教学中设置"孙少平的人生选择"这一专题学习任务，将主要的探究问题设计为"你认为孙少平最后是否会留在大牙湾煤矿"。学生在完成这一任务时需要联系整部作品中与孙少平有关的情节，梳理、概括孙少平在面对人生各种选择时的思想和心理变化，全面把握其性格特征，还要结合大牙湾煤矿的社会环境特点来推断、解说他可能作出的选择。这种整合性强的学习任务有利于促进学生全面、深入地研读作品，发展学生的整体思维和辩证思维，实现经典名著的真读、真思。

其次，坚持读写结合，综合提升学生的关键能力。

---

① 李松林.学科核心素养的发展机制与培育路径 [J]. 课程·教材·教法，2018（3）.

这里的"坚持"有两个含义：一是普遍使用，即任何一部名著的阅读都把读写结合作为一种主要的教学方式和学习方式；二是全过程使用，即在名著阅读教学的各个阶段、环节都可以使用。在多种形式的读写活动中，学生从阅读中获得的知识、情感体验会成为其写作的动因，而写作时的思考感悟和知识建构的需求又成为其深入阅读的动力，阅读与写作相互促进，形成一种将文本内容、个人阅读与生活经验融合在一起的个性化学习情境。学生在不断解构与建构的过程中，积累了学科知识，在"学习理解""实践应用""迁移创新"[①]方面获得了学科关键能力的提升。正因为读写结合在学生真读真思过程中能起到很好的促进作用，其教学形式也应该是多种多样的，可以是摘抄、点评、写赏析笔记，也可以是绘制思维导图、对某些语言现象作专题研究，还可以是文学创作、实用型写作、编制阅读知识竞赛题等。读写结合形式的多样性有利于满足学生个性化的阅读需求，发展学生的核心素养。

最后，组织开展多样的阅读交流展示活动。

名著阅读教学中，"生生互动"的合作学习是教师普遍采用的方式，但是有些课堂上的生生互动时间很短，往往只有几分钟，学生的交流"刚开头却又煞了尾"；有些课堂上的生生互动缺乏问题聚焦，学生"你说说""我说说""他说说"，仅仅停留在浅表阅读感受上，没有形成思维的碰撞和情感的共鸣，这样的互动不免流于形式。教师组织名著阅读学习的交流展示活动，首先应该突破空间和形式的局限。课上课下，校内校外，线上线下……学生学习生活的各个领域，都有组织交流分享的空间；交流的形式也应该是多种多样的，兼顾听说读写

---

① 王彤彦，任洪婉，郑国民. 语文核心素养关键能力诊断及学习资源框架研究[J]. 教育科学研究，2017（6）.

等方面。不同场域不同形式的交流有不同的作用，不仅可以满足学生分享、展示的个性化需求，更可以从维持阅读兴趣、整合建构阅读经验等方面促进学生完成"真实的阅读"。除此之外，组织阅读交流分享活动也是引导学生进行深层阅读的重要教学手段，教师应抓住学生在交流分享中形成的经验、产生的疑问、发生的争鸣等阅读成果，生成高质量的教学问题，引导学生在分析问题、解决问题的过程中深化阅读体验，提升思维品质。例如，某教师在《三国演义》的批注交流活动中，发现学生在人物鉴赏方面普遍存在忽视细节描写，认识片面化、绝对化的问题，于是以刘备的人物鉴赏作为教学重点，以小组合作的方式，引导学生比较其对荆州、益州的不同态度，紧扣文本中两处"不忍"进行人物评析。由于聚焦真实问题，及时开展合作探究，学生的思维非常活跃，对作品语言和表现形式的关注都更加深入细致，自觉将文本中的信息进行多种形式的整合，逐渐对人物形成了全面、深入的认识。

综上，进入高中语文课程的名著阅读不同于普通的课外阅读，它带有鲜明的学科烙印，其教学目的是发展学生的独立阅读能力，提升语文核心素养，为学生未来的发展打好基础。在教学中，教师应充分发挥组织、引导作用，依据课标相关任务群要求确定教学目标，在整个阅读过程中，依据不同阅读阶段的特点和学生的阅读需求选择典型的教学内容，设计具有情境性、整合性的学习任务，用专题学习、项目式学习等方式引导学生真实地阅读、深入地思考、自由地展示、充分地交流，切实发挥名著在学生语文核心素养发展中的促进作用。

《论语》整本书阅读策略摭谈

北京市潞河中学　陈礼旺

《普通高中语文课程标准（2017 年版 2020 年修订）》（以下简称"高中新课标"）重视中华优秀传统文化的传承，指出要让学生"通过学习运用祖国语言文字，体会中华文化的博大精深、源远流长，体会中华文化的核心思想理念和人文精神，增强文化自信，理解、认同、热爱中华文化"，防止文化上的民族虚无主义。中华优秀传统文化方面的教学内容贯穿高中新课标的三类课程，必修、选择性必修、选修课程中均包含"整本书阅读与研讨"学习任务群。高中新课标"关于课内外读物的建议"中指出："高中阶段要求学生在课内外加强阅读，培养阅读的兴趣和习惯，提升阅读品位，掌握阅读方法，提高阅读能力，让学生在阅读中拓宽视野，领略人类社会气象与文化，体验中华优秀传统文化、革命文化和社会主义先进文化，提高语言文字运用能力与思想文化修养，丰富精神世界。"推荐的文化经典著作有《论语》《孟子》《老子》《庄子》《史记》等。

窃以为，《论语》是中华传统文化经典中最优秀、最有价值的典范性著作之一，因为它是中国儒家思想的起源，更是中华民族精神的核心。《论语》中体现出来的思想已经成为中华民族的共同价值观念和理想追求，"仁者爱人""为政以德""不义而富且贵，于我如浮云""知其不可而为之""知之为知之,不知为不知"等思想观念至今依然闪耀着人文主义光芒,仍是我们应当汲取的宝贵的精神营养。

笔者从 2006 年 3 月开始,就在学校面向高一、高二年级学生开设了"《论语》选读"校本选修课。2013 年,我作为主持人之一完成的论文《潞河中学语文学科校本选修课程的研发与实施》荣获第四届北京市基础教育教学成果二等奖。自 2018 年高考北京卷将《论语》纳入经典阅读考查范围以来,笔者又把《论语》当成必读经典与学生一起学习。梳理十七年来的《论语》教学实践,借鉴同行的一些做法,笔者不揣冒昧,提炼出"《论语》整本书阅读策略"八条,请大家批评指正。

第一,提供《论语》篇章的背景材料,包括时代背景、政治背景、诸侯国历史等,帮助学生读懂文本,更加准确地理解内容。

第二,介绍孔子及其学生的身份、经历、成就、性格,介绍孔子政治、教育等方面的思想,梳理孔子当年的教学内容。

第三,把《论语》的教学内容分为文字、文章、文化三个层次,一字一句地读,一章一章地分析其内容和形式,由浅入深,层层递进。

第四,把历代学者就《论语》某一有歧解之章节的不同解读提供给学生,在探究中促进学生思维深刻性、批判性、独创性等的提升。

第五,依据学情,分层次确定《论语》整本书阅读的目标,拓宽学生的文化视野和思维空间,提升其语文素养。

第六,不把《论语》读死,尽量读出些变化,读出些趣味,重新编排《论语》的篇章,给学生设计并布置具有挑战性的专题编排任务。

第七,给学生树立样板,教给学生阅读方法,相信学生,敢于放手,充分落实学生的主体地位;随时考查,随时纠偏,随时查漏补缺。

第八,阅读《论语》,根本的目标还是识古知今,即让学生理解并知道今天应该怎样批判性地继承儒家思想,学以致用,古为今用,而不是仅停留在语句引用层面。

圄于篇幅，下面笔者重点谈谈其中的第二、第三、第六条策略。

第二条：梳理孔子当年的教学内容。

孔子当年的教学内容分为德行和知识两方面：

内在德行的修养，包括"五伦"和"三达德"。"五伦"是指君臣、父子、夫妇、兄弟、朋友，"三达德"指智、仁、勇。

外在知识的求取，包括"四科"与"四门"。"四科"指文、行、忠、信。"文"指诗书礼乐等"六经"经典教材里的言辞、义理，是属于知识方面的内容；"行"是躬行，经典所载的义理要落实在行动上，一举一动都要合乎孝悌友爱之礼，即"孝悌恭睦谓之行"；"忠"指内省不自欺的尽己之心；"信"指对外诚实不欺。下对上讲"忠"，跟朋友交往讲"信"。忠者必信，信者必忠，二者互为内外、始终、本末。"四门"指德行、言语、政事、文学。（《论语·先进》）"德行"属于修身，指能实行忠恕仁爱孝悌的道德。其范围包含甚广，举凡内心明礼，并且躬行践履的高足，像闵子骞、颜回、冉耕、冉雍才可以入有德行之列。"言语"指长于应对辞令、办理外交。"政事"指管理国家，从事政务，即从政治国的方法，包括军事、司法、财政、内政等方面。"文学"指博学文章，含主科"六经"（《诗》《书》《礼》《乐》《易》《春秋》）、副科"六艺"（礼、乐、射、御、书、数）文武合一的教育。

基于孔子当年的教学内容，研读《论语》的内容即可确定为两个方面：学知识，学做人。

第三条：基于高中生的文言文水平，把《论语》篇章的教学内容分为文字、文章、文化三个层次，由浅入深，层层递进。

第一层次，疏通文句，反复诵读。把《论语》当成古汉语教材，落实古汉语词法、句法知识及相关文化常识的教学，提高学生文言文阅读能力。侧重重点字词音、形、义的讲解以及重点句子的翻译，让学生先弄明白句义，然后反复诵读全篇，背诵名句名段。"书读百遍，其义自见"，反复阅读、背诵，既能培养学生文言语感，也能增强其文本理解能力。高中新课标也强调要"重视诵读在培养学生语感、增进文本理解中的作用，引导学生积累古代作品的阅读经验"。

第二层次，整体把握文本内容，分析和鉴赏文本。《论语》章法灵活，句式活泼，对话的方式使得抽象的道理有了生动的语境。有些篇章简短含蓄，意味隽永；有些篇章灵活形象，善用譬喻，这都需要教师引领学生认真鉴赏分析。

第三层次，在通晓句义、领略章法的基础上，准确把握篇章的主题内涵，研讨文本蕴含的文化意义和价值，拓展学生的文化视野。从文本中发现具有现实意义的内容，然后深入浅出地给学生讲解。之后，结合学生的学习、生活以及当下社会现实，课堂上组织学生讨论，合作探究，将《论语》的深邃内涵与生活现实融会贯通。这样既丰富了教学内容，也提高了内容本身的趣味性，还能提高学生对社会现象的观察分析能力和解决实际问题的能力，凸显出《论语》学习的现实意义。

第六条：重新编排《论语》的篇章，给学生设计并布置具有挑战性的专题编排任务。

《论语》整本书按 20 篇的前后顺序阅读，此方式适合高一、高二学生。打破篇章顺序，按"思想"或"智慧"重新组合，比如按孔子的教育智慧、孔子的政治智慧、孔子的哲学智慧、孔子的修养智慧、孔子的交友智慧、孔子的言语智慧的体例编成 6 个专题，此阅读方式适合高三年级备考。打破篇章顺序，以人物为线索重构《论语》也是一个不错的做法，比如《论语》中与子路有关的内容共 41 则，教师可指导学生编出"子路其人其事"专题，再研读之就像看子路传记，故事性增强了，学生对子路的认识也会更全面，再理解孔子针对子路的言论就会更容易。

《论语》整本书阅读在教学中的实践

北京市东城区教育科学研究院　　张小屹

一

2016 年发布的《中国学生发展核心素养》指出，中国学生发展核心素养以"全面发展的人"为核心，分为文化基础、自主发展、社会参与三个方面，综合表现为人文底蕴、科学精神、学会学习、健康生活、责任担当、实践创新六大素养，并强调文化是人存在的根和魂。文化基础，重在强调能习得人文、科学等各领域的知识和技能，掌握和运用人类优秀智慧成果，涵养内在精神，追求真善美的统一，发展成为有宽厚文化基础、有更高精神追求的人。

源远流长的中国传统文化，其内涵极为丰厚。《论语》是儒家学派的经典著作，也是中华民族几千年来繁衍生息的思想源流。其"仁义礼智信"等思想不仅是人们为人处世的准则，也是当今人文教育的重要内容。《论语》语言简洁，意蕴隽永。在高中阶段让学生阅读《论语》，既是为了让他们了解我国优秀传统文化，增加文化积累，也是为了让他们在学习过程中汲取人生智慧，提升精神气质与文化涵养。人教版高中语文教材在必修一把《论语》编入了名著导读里，希望学生能够通过阅读《论语》了解孔子的伟大思想，了解中国传统文化。选修教材《中国古代诗歌散文欣赏》《中国文化经典研究》分别选编了《子路、曾皙、冉有、公西华侍坐》《〈论语〉十则》，《先秦诸子选读》的"《论语》选读"部分也选取了《论语》的若干篇章。统编高中语文教材必修下册、选择性必修上册也选取了《论语》的若干篇章。由此可见《论语》在高中语文阅读中的重要性。

　　然而，现阶段高中《论语》教学的现状不容乐观。在《论语》单篇教学和"《论语》选读"教学中，许多教师仍采用传统的文言文教学方法，注重文言字词和句式的积累。这种教学方式往往会挫伤学生学习《论语》的积极性，进一步拉大学生与《论语》的距离。《论语》整本书的教学，由于涉及的内容较多，很多教师只是对《论语》的内容作一个简单介绍，就让学生课后自己去阅读。教师不重视，学生不喜欢，《论语》整本书阅读的教学目标自然难以实现。《普通高中语文课程标准（2017 年版 2020 年修订）》（以下简称"高中新课标"）明确提出，语文学科核心素养包括四个方面，即语言建构与运用、思维发展与提升、审美鉴赏与创造、文化传承与理解。其中的"文化传承与理解"是指"学生在语文学习中，继承和弘扬中华优秀传统文化、革命文化、社会主义先进文化，理解和借鉴不同民族和地区的文化，拓展文化视野，增强文化自觉，提升中国特色社会主义文化自信，热爱祖国语言文字，热爱中华文化，防止文化上的民族虚无主义"。学习《论语》等古代经典作品正是弘扬我国优秀传统文化，提升学生民族自信、文化自信的关键所在。此外，高中新课标中的"整本书阅读与研讨"学习任务群提出，要让学生通过阅读整本书养成良好的阅读习惯。让学生阅读《论语》整本书既是传承我国优秀传统文化，也是提升学生阅读能力，培养学生审辩思维的重要途径。

二

　　1941 年，叶圣陶先生在《论中学国文课程标准的修订》中提到"把整本书作主体，把单篇短章作辅佐"，第一次明确提出要读整本书的思想。1949 年，他在《中学语文科课程标准》中又有这样的论述："中学语文教材除单篇的文字外，兼采书本的一章一节，高中阶段兼采现代语的整本的书。"虽然叶圣陶先生读整本书的思想在当时并没有引起足够的重视，更没有在实践中得到检验，但是其理论构想仍能为我们今天的整本书阅读教学提供借鉴。

　　首先，叶圣陶先生的读整本书的思想，是要从教材编写阶段就把整本书作为教材内容的主体。他亲自创作和改编了很多作品，躬自践行以整本书为主体的教材编写理念，但由于社会的客观因素和历史条件的限制，以整本书为主体的语文教材在当时并没有出现。

　　其次，叶圣陶先生提出了整本书阅读教学的重点是培养学生自主阅读的能力。对于如何培养自主阅读能力，叶圣陶先生在他的《精读指导举隅》和《略读指导举隅》中给出了策略，即精读与略读相结合。以阅读能力培养语言能力，在此基础上培养审美能力，又将阅读能力、语言能力和审美能力的提升，作为写作能力提升的条件，即"国文教学的目标，在养成阅读书籍的习惯，培植欣赏文学的能力，训练写作文字的技能"。这于我们今天的语文教学同样适用。学生阅读能力得到提升，阅读的自信心和成就感会提升，阅读的意愿就会加强，就会把被动阅读变为主动阅读，进而养成阅读习惯。

　　最后，在整本书阅读过程中，学生处于主体地位，教师处于主导地位，作用在于启发引导学生。叶圣陶先生说"教是为了不教"。这一教育思想避免了教师的"满堂灌"，大大激发了学生的学习动力，与我们当下的语文教学改革思想不谋而合。

叶圣陶从课程、教材、教学的角度对"读整本书"进行论述，认为"读整本书"是实现语文课程目标的根本途径。他在《论中学国文课程的改订》一文中说："就学生方面说，在某一时期专读某一本书，心志可以专一，讨究可以彻底。在中学阶段内虽然只能读有限的几本书，但是那几本书是真正专心去读的，这就养成了读书的能力；凭这能力，就可以随时随地读其他的书以及单篇短章。并且，经常拿在手里的是整本的书，不是几百言几千言的单篇短章，这么习惯了，遇见其他的书也就不至于望而却步。还有，读整部的书，不但可以练习精读，同时又可以练习速读。如此说来，改用整本的书作为教材，对于'养成读书习惯'，似乎切实有效得多。"他还谈到："要养成读书的习惯而不教他们读整本的书，那习惯怎么养得成？"他认为中学语文教科书应该采用整本书或者以整本书为主体，在教学的过程中，教师要能够引领学生"读整本书"，获得语文能力，养成学习习惯。

整本书阅读要有"整体意识"，避免阅读时的片面化、孤立化，这就需要教学课程化、教学系统化、教学生本化。这对我们开展古代文化经典阅读研究很有启发。

三

在高中教学实际中，《论语》整本书阅读面临着一系列困难，如怎样确定《论语》的文学价值和教学价值，怎样让学生主动地持续地阅读《论语》，教师如何设计学习任务，等等。基于以上现状，本文力争通过思考、研究、实践，达到一个研究假设目标：在融通《论语》文本逻辑、教师指导逻辑的基础上，高中学生能够主动阅读《论语》，并有所感悟。

探究高中学生阅读《论语》的指导策略，构建学生与《论语》阅读之间的通道，让学生的阅读既有方法，又有实效，需要解决的关键问题有三：

其一，《论语》本身的逻辑。

《论语》的阅读，应符合语文课程的特性，体现语文课程的性质，应通过丰富的言语活动引导学生在多样化的情境中学会综合运用语言文字。《论语》阅读应突出文学价值的挖掘，如人物形象塑造、背景与主题、语言等，也要注意教学价值的挖掘，如《论语》阅读如何为学生的终身发展奠基，如何有助于情感态度价值观的培养，如何有助于突破阅读障碍等。在阅读活动开展过程中，应注意挖掘《论语》阅读在发展学生核心素养方面的价值。

其二，学生阅读的逻辑。

每个学生都是独特的，有差异的。在高中阶段，学生学习时间紧，任务重，怎样阅读才能事半功倍？什么样的阅读策略可以解决阅读中的困惑？什么学习任务能让学生把《论语》阅读主动坚持下去？教师需要了解学生原有的知识基础、学习方法、思维方式等，进而不断调整优化，让学生的《论语》阅读进入良性循环的轨道。

其三，教师指导的逻辑。

教师如何将《论语》本身的逻辑与学生阅读的逻辑整合在一起，找到一些"阅读点"，并据此设计学习任务，构建《论语》与学生之间的通道，让学生"主动读""坚持读""有兴趣读"？在《论语》阅读过程中，教师如何更好地成为学生阅读的"陪伴者"，引导学生主动阅读，和学生共同思考《论语》之于现实以及人生的意义？这些问题可以归结为一个问题：教师应该给学生什么样的支持，怎样给学生支持？即教师应该如何指导学生的阅读。

　　整本书阅读具体到教学活动中，必须要有课程设计、具体的实施过程，以及对该教学活动的评价等基本教学环节。《论语》整本书阅读的课程设计是开展具体教学实践的前提，图书版本的选定、课程目标的设定和内容的整合等都需要认真思考。

1. 图书版本的选定

　　《论语》作为经典书目，版本很多，例如朱熹的《论语集注》、刘宝楠的《论语正义》、程树德的《论语集释》、钱穆的《论语新解》、杨伯峻的《论语译注》等。哪一本适合高中生阅读？笔者选择的是杨伯峻先生的《论语译注》。首先，该书注释简明扼要，不作过多的引申，让人读起来一目了然；其次，文本可信度高，长度适中，适合阅读；最后，该书发行量较大，便于学生购买。

2. 课程目标的设定

　　（1）知识目标

　　了解《论语》的基本知识，读懂《论语》的内容。具体为：诵读《论语》，读准字音，认清字形，熟悉《论语》的语言习惯，培养文言文的语感；梳理字词，掌握重要的文言字词和句式，正确把握语段的大意，提高文言文阅读能力；积累成语，背诵名言警句，整合内容形成相关作文素材。

　　（2）能力目标

　　资料搜集、文本阅读、团队协作和思维等能力有较大提高。具体为：学会运用工具书、互联网等搜集、整理和筛选资料，提高信息整理和筛选能力；根据课程类型，针对性地运用精读、略读等阅读方法，提升阅读速度，提高阅读效率；学会通过团队协作深入探究问题，培养批判性思维和创新思维；独立思考，大胆质疑，敢于表达，增强语言表达和人际交往能力。

（3）价值目标

树立起对真善美的价值追求以及人与自然和谐、可持续发展的理念。具体为：感受儒家文化的精髓，提高道德修养和审美情趣，树立正确的世界观、人生观和价值观；提高诚信意识、责任担当意识，增强对社会和民族的责任感与使命感；树立民族自豪感和自信心，激发对中华优秀传统文化的热爱之情。

3. 内容整合

《论语》以语录体为主，叙事体为辅，主要为孔子与其弟子的对话，还有少量的他人语录。在成书时，古人并未按照篇目内容之间的联系来编纂。为了让学生的阅读更有系统性，我们尝试把《论语》各篇内容加以提炼与概括，如：《学而篇》——学习之道；《为政篇》——为官之道，学习之道；《八佾篇》—— 礼之道；《里仁篇》——仁义之道，孝道……通过对《论语》内容的梳理整合，找到适合学生阅读的切入点和阅读顺序，将篇目与篇目进行组合，形成阅读专题。例如可以根据主题，把《论语》整合为"学习之道""孝之道""仁德之道""礼乐之道""治国之道""教学之道""道德修养"七个专题。

四

在《论语》学习中，教师应起到引导的作用，把学生领入儒家经典的大门，为学生搭建阅读的框架，激起学生的阅读兴趣，引导他们看到几千年的经典中的现实意义，从中汲取思想精华，加强自身修养。此外，对于《论语》中被今人误读或至今未解的内容，教师要引导学生通过查找资料、考察论证等方式进行探究，形成个人的理解。

　　《论语》的整本书阅读教学，仅有引导还不够，教师还要对一些晦涩难懂的内容进行细致讲解，并补充一些《论语》的相关知识，帮助学生理解。《论语》虽然字数不多，但由于是文言文，学生阅读的速度比较慢，容易产生厌倦心理。因此，教师在教学中要给予学生充分的阅读时间，保证他们有固定和连续的时间进行自主阅读。学生在阅读过程中，要学会自我监控和学习管理，争取更多的时间进行阅读，提高阅读效率。同时，要达到整本书阅读的教学目的，教师就要让学生沉下心来，阅读、分析、质疑、总结，积极完成具体的学习任务。学生在此过程中尽量摆脱对老师的依赖，不盲从老师，也不轻信一家之言。遇到疑难和困惑，学生可以先自己积极思考，解决不了再与同学进行合作探究。只有拥有阅读的真正体验，才能实现对《论语》的真切理解和感悟。教师引导学生在自主阅读的基础上，学会倾听和分享、沟通和协作，掌握探究阅读的方法，培养自身的思辨思维，提高自身的文学审美能力。

　　需要注意的是，《论语》承载了中华文化的精髓，对后世产生了极其深远的影响，对于《论语》的学习，我们更多的是学习里面修身、立德和树人的思想，教学目标应更倾向于情感态度价值观的培养，而不是文言字词和文言句式的积累。因此，我们不能因为《论语》是文言文，就把它等同于一般的古文，过分强调文言字词，强化文言基础知识训练。正如钱穆先生所说："意谓解《论语》，难在意蕴，不在文字。"

　　"一千个读者有一千个哈姆莱特"，每个学生对于《论语》都有自己的认知和理解，只把自己的认知和理解囿于心里，而不把它以文字的形式展示出来，语言和思维就难以得到有效的训练。因此，无论是精读还是泛读，教师都要鼓励学生写读书笔记。在读书笔记中，学生把各自的质疑和收获以文字形式呈现出来，再进行阅读交流活动，就能做到有的放矢，在真实的观点碰撞中发展和提升思维能力。同时，教师还可以鼓励学生在作文中引用《论语》中的名言和事例来证明自己的观点，这样学生对《论语》的学习就不只是表面的字词句的理解，更是深层次的理性思考。写作与交流相结合，不但使学生的语言和思维得到训练，还能帮助他们修正自己的人生观和价值观。

基于以上思路，有教师在教学中立足孔孟之道，让学生从儒道互补的角度学习《论语》，采用"兴趣激发——整体阅读——问题探讨——想象写作——个性论文"的教学思路，带学生品读《论语》，认识《论语》。其教学过程大致如下：

（1）兴趣激发

首先，选择一些名家对孔子的点评，激发学生思考。如：

司马迁说："高山仰止，景行行止。虽不能至，然心乡往之。"大意：孔子的德行高不可攀，虽然不能达到孔子那样的境界，但我们应向往他，追求他。

易中天说："孔子是灰色的。"

于丹说："孔子没有颜色，只有温度。"

李零说："孔子绝望于自己的祖国，徒兴浮海居夷之叹，但遍干诸侯，一无所获，最后还是回到了他的出生地……在他身上，我看到了知识分子的宿命。任何怀抱理想，在现实世界找不到精神家园的人，都是丧家狗。"

鲍鹏山说："我们可以砸碎、丢弃儒家文化的礼教'外壳'，但我们却永远难以摆脱儒家思想和精神对每一位中国人的文化、人格、思维、习惯乃至灵魂的深刻影响。可以这样说，孔子以及他所创立的学说早已成为中国人永远的精神内核和心灵印记。"

瑞典物理学家汉内斯·阿尔文博士（1970 年诺贝尔物理学奖获得者）说："人类要生存下去，就必须回到二十五个世纪以前，去汲取孔子的智慧。"

接着，指导学生阅读《仲尼弟子列传》，认识孔子及其弟子。

最后，让学生了解《论语》的目录，从篇目名初感作品内容。

（2）整体阅读

在这一过程中，教师规定阅读进度，让学生自主阅读，做笔记，课堂小组交流，专章分享。

（3）问题探讨

教师带学生一起认识经典，在此过程中，围绕几个核心问题交流体会。如：

关于"仁与礼"：孔子学说的核心内容是仁和礼。如果说"仁"是孔子道德哲学的核心，"礼"就是孔子政治哲学的核心，"仁"在《论语》中共出现109次，"礼"共出现74次。你认为"仁"和"礼"具体指什么？

关于"君子"：《论语》是一部主要讲述如何做人的儒家经典语录，其根本精神是倡导做有德行的人。而"君子"为儒家理想人格中的枢纽层，在《论语》中共出现107次。你认为儒家所谓"君子"须具备哪些品德？

关于"为学"：你认为孔子的治学之道是什么？我们可以总结出哪些值得借鉴的学习方法？

关于"为政"：你认为孔子治国为政的主要思想是什么？在今天看来，有没有不合理的地方？

通过以上学习交流，学生对孔子及其弟子乃至《论语》都有了一定的亲近感，之后进入第二个学习阶段。

（4）想象写作

在学习交流过程中，教师还带学生进行了多项写作练习，如《与孔子为邻》《记我的老师——孔子》等。之后，推荐并指导学生阅读多篇与《论语》相关的研究文章，以开阔学生视野，提升学生认识及思辨水平。

（5）个性论文

一个多月的阅读学习后，指导学生聚焦自己感兴趣的问题，提出论题，全班交流讨论，确立选题，然后列提纲，最后形成不少于2000字的个性论文。

在以上教学过程中，教师与学生是共同收获与成长的。无论是教学重难点的设定，还是依据学情进行教学策略的调整，教师对课堂的掌控至关重要。而学生在学习认识上的收获也是令人惊喜的。

在学习《论语》之后，学生普遍认为《论语》博大精深，读来大有收获。其中一学生还特别提出："虽然这部书是今年高考提出的必考书目，但学习它不仅是为了增强自己的国学素养，更重要的是经世致用，汲取古老中国思想的智慧，来指导解决全人类的问题。"所以学生感兴趣的是从其言论思想中感受的文化与哲学以及对现实的思考。在此基础上，教师还继续开展了"孔孟专题""老庄专题"等多个专题学习。

五

整本书阅读的有效实施，离不开阅读评价。

首先，整本书的阅读评价可以让教师及时了解学生的真实阅读情况，修正教学计划和教学活动。《论语》整本书的内容相对比较复杂，阅读所耗费的时间较长，学生容易倦怠，或进入"浅阅读""假阅读"状态。评价并不是为了给学生一个总结，更不是为了鉴定和选拔学生，而是要反馈学生真实的阅读情况。教师获得学生的阅读反馈，了解学生在阅读中存在的问题与困难，以及自己在教学活动中所采取的策略是否促进了教学目标的实现，才能修正教学计划，调整教学活动，使整本书阅读教学的实施更加有效。

其次，整本书的阅读评价可以提高学生的阅读兴趣，激励学生坚持阅读。及时地对学生评价，能够让他们知晓在一个时间段内阅读中的得失，及时改进自己的阅读活动，调整阅读计划和方式。教师可以通过评价，对阅读态度认真和阅读效果较好的同学进行表扬，并把他们的阅读经验分享给其他同学，激起学生阅读的内部动因，最终达到让阅读兴趣不浓的同学热爱阅读，热爱阅读的同学更加热爱阅读的效果。

再次，整本书的阅读评价可以促进教师教学水平的提高。《礼记·学记》中说："学然后知不足，教然后知困。知不足，然后能自反也，知困，然后能自强也。故曰：教学相长也。"整本书的阅读评价在促进学生阅读能力提高的同时，也促进教师教学水平的提升。教师根据学生的阅读反馈，不但可以了解自己的教学目标完成情况，还可以知道学生是否接受和适应自己的教学模式，以便及时调整教学方案。教师在评价过程中，针对自己在专业和教学上的不足，不断研究和积累经验，从而不断提高专业水平和教学水平。

最后，整本书的阅读评价可以为有效开展整本书阅读教学提供借鉴。整本书阅读如何有效地进入高中语文教学？目前没有标准的模式，一切都还在摸索中。整本书的阅读评价，可以总结成功与失败的经验，帮助教师及时修正教学方案，为下一阶段的整本书阅读摸索出一条光明的道路，并探索出更广阔的空间。

让兴趣在课堂发酵

——整本书阅读交流课问题设计策略

北京市第八十中学　涂　洁

　　众所周知，兴趣是阅读的前提，然而现在中学生的阅读兴趣面临着巨大挑战。短视频、游戏、课业压力等，都挤占着学生的阅读时间，影响着学生的阅读兴趣。而在应试的压力下，很多学生用背教辅书上的名著内容概括，代替了对名著的阅读。为了激发学生的阅读兴趣，广大一线教师在整本书阅读上下了很大功夫：精读批注、制作表格、绘制导图、布置手抄报……为了培养学生的阅读习惯，教师还安排每日打卡、课堂测试等活动。学生确实阅读了整本书，展示也充实精彩，然而阅读兴趣却没有因此得到有效激发。过度的阅读压力，或多或少地抑制了学生的阅读兴趣。

　　温儒敏教授认为，要"在阅读教学中尊重孩子的天性，激发学生的好奇心、求知欲，培养想象力"，"珍视和鼓励学生的独特感受、体验和理解"。[①]这也应该是阅读交流课追求的目标。为了实现这一目标，我们可以用问题设计为阅读交流课"松松绑"。

---

① 温儒敏.温儒敏谈读书 [M].北京：商务印书馆，2019.

一、开放性问题，激发全员阅读思考

针对整本书阅读提出开放性的问题，营造一种宽松的交流课氛围，可以让阅读程度不同的学生都有话可说，满足其表达的需求，减轻其面对提问、检测时的压力。

在阅读《骆驼祥子》时，笔者通常会让学生参照示例梳理祥子"三起三落"的人生轨迹。

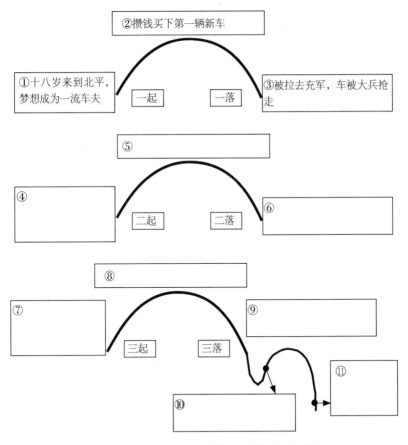

图1　祥子"三起三落"人生轨迹示例图

在《骆驼祥子》的整本书阅读中，这样的梳理是有必要的，能够帮助学生从整体上认识祥子的人生经历，进而理解小说主题。在阅读交流课上，教师可据此提出一个开放性问题：祥子是一个好车夫吗？为什么？回答这个问题，不同阅读层次的学生会有不同的回答。

习惯孤立思考问题的同学，会结合小说中祥子的某件事进行分析；能够全面思考的同学，会结合祥子的几件事情思考；善于运用联系辩证思维的同学，则会在全面回答的基础上，找出祥子是好车夫和不是好车夫两方面的依据；还会有同学运用批判质疑思维，不仅思考祥子是不是好车夫，更会思考什么是"好车夫"，然后根据"好车夫"的定义，结合祥子的经历辩证分析，最终提出问题：为什么祥子起初是一个"好车夫"，而小说结尾不是"好车夫"了？

这样的问题不仅考查了学生对书中内容的掌握情况，还能了解学生对于人物的评价，训练学生的思维能力。最为关键的是，在开放性问题的引领下，不同阅读层次、思维水平的学生都有表达的内容。这样便缓解了学生的畏难情绪，为激发学生的阅读兴趣奠定了基础。

据此，我们可总结出名著阅读开放性问题的设计思路，比如在阅读《四世同堂》时提问：小羊圈胡同的人物中你最欣赏哪一个？为什么？阅读《西游记》时提问：小说中你最喜欢的人物是谁？为什么？阅读《呐喊》时提问：几篇小说中，最令你痛心的一件事是什么？为什么？

这些开放性问题从学生的主观感受出发，让不同阅读层次的学生都有表达的机会。

二、情境化问题，呈现个性化阅读感受

鲜活的情境能够激发学生浓厚的阅读兴趣。设置情境问题，不仅

能够激发学生的思考，还能让他们表达出自己独特的阅读感受。因为这种阅读感受是基于学生自己的深层理解和创造，故能激发其阅读的成就感，使其体验被他人尊重的感觉，从而获得阅读的快乐。

在《四世同堂》整本书阅读中，教师可以设计情境问题：你是生活在小羊圈胡同的小朋友，要给胡同里品质败坏的人编个歌谣（或者顺口溜），表达对这些人的不满，并告诫人们不要向他们学习。编写后，读给大家听一听，让大家猜猜你说的是谁。

学生需要写歌谣或顺口溜，去批评小说中品质败坏的人。这个小任务激发了同学们的创作热情。因为每个学生心里都有一个基本的价值判断，所以也都会有一个潜在的批评对象。不满情绪，正是学生内心需要表达的感受，这与学生的阅读体验相吻合。加之歌谣、顺口溜的表达形式简单易行，所以学生在这个情境问题引领下，阅读兴趣倍增。

在交流环节，读歌谣的同学自信满满，听歌谣的同学认真思考，读到有趣处全班拍手称好。在这样的氛围中，学生的创作得到了认可，阅读的兴趣自然得到了提升。针对《四世同堂》的阅读，教师还可以设计问题：抗战终于结束了，如果你是小羊圈胡同的街道主任，要在胡同口装上一块匾额，你将在匾额上题写什么内容？说说你的理由。这个情境问题，侧重考查学生对小说主题的理解，给学生提供了恰切的思考方向、广阔的思考空间和个性的展示舞台。

阅读《呐喊》，可设计问题：如果请你送给其中一个人物一份礼物，你会送什么？为什么？一部分学生要给孔乙己送礼物：有的送长衫，满足他的体面；有的送一个发自内心的微笑，希望他被人认可；还有的送他一张高考准考证，希望他在新社会里努力学习，靠实力成就自己。在问题的引领下，学生在新情境中展开思考，调动自己的阅读感受，最终呈现出带有鲜明个性色彩的答案。

交流课就是同学们一起交流自己的阅读体验、阅读感受。教师在此基础上创设情境，要注意激发学生的联想、想象，促进学生表达出自己的个性化感受，而非刻板感受、"教辅书感受"。

三、启发性问题，促进高层次阅读兴趣

教师应在交流课上通过启发，让学生向文章更深处探索。学生在教师的引导、点拨下，得到独特、新颖的发现或感受，甚至有自己的新发现、新创造，无形中得到了更高层次的阅读兴趣。

《西游记》是人们熟知的名著，在阅读交流课上，教师可启发学生思考：师徒四人一路西行，困难重重，但最终取得真经，结合原文说说，他们能够成功，最重要的因素是什么？这个问题看似是一个开放性问题，但是在开放中又隐藏着唯一的答案。对初一的学生来说，要得到这个答案，离不开教师的引导、点拨。

起初学生提出了很多因素，比如勇气、智慧、团结、乐观、法术、忠诚、信念、目标、机智、好胜、坚持、合作、孙悟空……教师将这些因素进行归类，引导学生思考哪些是同义、雷同的因素。接着，点拨学生注意题干中的关键词"最重要"，然后利用排除法，去掉那些并非每一次遇到困难都需要的因素。这时，学生发现之前满黑板的词语，只剩下不多的几个。最后，教师启发学生梳理各个因素之间的关系，同时回归原著找依据。这个过程是漫长的，但学生的阅读是深入的。慢慢地，学生从小说回目名和一些具体情节中找到了依据，梳理出因素间的关系，得出"信念"是最重要的因素的结论。在这个过程中，教师一步步启发，传授着阅读的技巧和思维的方法，教会学生深入思考。学生通过一个有序、有法的路径，获得了此前不具备的认识，体会到了阅读中发现探究的乐趣。

　　阅读《彷徨》时，学生谈到《祝福》中祥林嫂的人物形象。一个同学说："除了善良憨厚、坚韧倔强外，祥林嫂还具有反抗性，从婆婆逼她再嫁时，她头撞香案拼死反抗就可以看出来。"这时，几个同学露出了质疑的神情，表达了他们的不同看法。对于祥林嫂有没有反抗性，同学们展开了争论，更产生了阅读的兴趣。

　　接下来，教师引导学生关注文本中关于祥林嫂的几个重大事件，因为重大事件最能体现人物的性格特征和精神品质。学生通过阅读，分析了"出逃帮佣""撞香案抗婚""捐门槛赎罪"和"最后的疑惑"四件大事，发现祥林嫂是否具有反抗性不能一概而论。于是，教师再次启发同学思考"反抗性"的内涵：其是对封建道德的反抗、对命运的抗争，还是对自由的追寻？最后，学生在问题的引领下，不仅深入阅读了文章，理解了人物形象和小说的主题，更学会了发现问题、分析问题、解决问题的阅读路径。

以读促写，以写评读

——整本书阅读中读写融合的"最后一公里"

北京市海淀区教师进修学校　田　圆

学科核心素养是学科育人价值的集中体现。《普通高中语文课程标准（2017 年版 2020 年修订）》（以下简称"高中新课标"）强调，语文学科核心素养是学生在积极的语言实践活动中积累与构建起来，并在真实的语言运用情境中表现出来的语言能力及其品质；是学生在语文学习中获得的语言知识与语言能力，思维方法与思维品质，情感、态度与价值观的综合体现。主要包括"语言建构与运用""思维发展与提升""审美鉴赏与创造""文化传承与理解"四个方面。

本轮课改特别强调语文学科核心素养的四个方面是一个有机的整体。既然是一个整体，那么"语言建构与运用"就具有起讫点的意义。说它是起点，那是因为语言是重要的交际工具，也是重要的思维工具；是文化的载体，也是文化的重要组成部分，学习语言文字的过程也一定是文化获得的过程。说它是某种意义上的终点，那是因为现阶段的语文学业水平考试、中高考依然采用的是纸笔测试的方法，以"阅读""写作"作为主要考查内容的测试中，答案、作文最终是以文字的形式呈现的。在语文课程中，学生的思维发展与提升、审美鉴赏与创造、文化传承与理解，都是以语言的建构与运用为基础，并在学生个体言语经验发展过程中得以实现的。

因此，读写融合的策略在整本书阅读的学习中就显得尤为重要。各种类型的写作任务必然伴随整本书阅读学习的重要方法，正所谓"不动笔墨不读书"。而阅读到一定阶段的时候，教师让学生写点什么，既符合"每有会意""欣然命笔"的学习规律，也是阅读评价的有效手段。我们知道，在高中学业水平考试和高考中，以北京卷考查整本书阅读为例，无论是简答题、探究题还是微写作，都基本是以写作任务的方式来进行的。

这可以看作是在读写融合策略的推进下，整本书阅读的"最后一公里"。阅读促进了或带有集成性、或带有专题性的写作任务的完成，而最终的这个写作任务也成为阅读评价的方式：集成性——指向总结、提升，专题性——指向抽测、深入。对于语文教学工作者而言，认真研究近年来高中学业水平考试和高考中整本书阅读的相关题目，是帮助学生走好整本书阅读"最后一公里"的前提；认真思考，积极命制整本书阅读的检测题目（此题目区别于阅读过程中的一般检测题目，是指向服务于高中各阶段测试的考查题目），是帮助学生走好整本书阅读"最后一公里"的关键。

一、对于近年来整本书阅读考查的研究

近年来，北京在语文教学，特别是在整本书阅读上做了许多有益的尝试和积极的探索。北京从提出加强名著阅读之初，就明确了阅读整本书的观念，与之相关的考查题目也是从这个原点出发命制的。其积累的关于整本书阅读的试题，值得语文教学工作者认真研究。

1. 近年来高考北京卷中的整本书阅读考查

2014 年的高考北京卷首次出现微写作题目，即将原来 60 分的大作文分成 50 分的作文和 10 分的微写作。微写作考查考生用精练的语言描述事物、表达观点、抒发情感，写简短的应用性语段的能力。形式上给出三道小题，学生选择其中一道完成，字数在 180 字左右（2019 年后调整到 150 字左右）。

2015 年高考北京卷的微写作中，出现了一道关于整本书阅读的题目：

语文老师请同学们推荐名著中的章节或片段供课上研读。范围：《三国演义》《巴黎圣母院》《四世同堂》和《平凡的世界》。你选择哪部著作中的哪个章节或片段？请用一句话表述推荐内容，并简要陈述理由。

题目给出了一个真实的学习情境——"语文老师请同学们推荐名著中的章节或片段供课上研读"，需要考生通过自己的阅读积累和感悟来解决这个生活中的真问题。写作内容分为两部分：第一部分"用一句话表述推荐内容"，考查对整本书章节、片段的概括能力；第二部分"简要陈述理由"，符合微写作用精练的语言表达观点的考查要求。可以说，这是一道带有新课改精神，且将微写作与整本书阅读考查结合得较为完美的试题，为后面整本书阅读考查的进一步推进，埋下了伏笔。

2016 年的北京高考列出古今中外 12 本文学文化经典著作——《论语》《三国演义》《红楼梦》《呐喊》《四世同堂》《雷雨》《边城》《红岩》《平凡的世界》《巴黎圣母院》《欧也妮·葛朗台》《老人与海》，作为整本书阅读的考查范围，但没有纳入当年必须作答的范围。2017 年北京高考把其中 6 本书——《红楼梦》《呐喊》《边城》《红岩》《平凡的世界》《老人与海》，纳入考试范围，并且在微写作中进行了考查：

从下面三个题目中任选一题，按要求作答。180 字左右。

①《根河之恋》里，鄂温克人从原有的生活方式走向了新生活，《平凡的世界》里也有类似的故事。请你从中选取一个例子，叙述情节，并作简要点评。要求：符合原著内容，条理清楚。

②请从《红楼梦》中的林黛玉、薛宝钗、史湘云、香菱之中选择一人，用一种花来比喻她，并简要陈述这样比喻的理由。要求：依据原著，自圆其说。

③如果请你从《边城》里的翠翠、《红岩》里的江姐、《一件小事》里的人力车夫、《老人与海》里的桑提亚哥之中，选择一个人物，依据某个特定情境，为他（她）设计一尊雕像，你将怎样设计呢？要求：描述雕像的体态、外貌、神情等特征，并依据原著说明设计的意图。

2018 年和 2019 年的北京高考，整本书阅读的考查增加了一本《论语》，同样是以微写作的形式进行考查。

2020 年是北京新高考的元年，其加大了对整本书阅读考查的力度，将《论语》《红楼梦》纳入必考范围，在阅读板块以简答题的形式出现。三选一的微写作题目，保留了一道对整本书阅读的考查：

有的同学觉得阅读《红楼梦》《平凡的世界》等"大部头"名著太费时间和精力，不如读缩写本或连环画省时省力。对此你有什么看法？请阐述自己的观点。要求：观点明确，言之有据。150 字左右。

综观近年来高考北京卷整本书阅读的考查内容，我们可以总结出以下一些特点：

（1）坚持践行课程改革的理念

高考北京卷对整本书阅读的考查，从 2015 年开始就坚持践行课程改革的理念。

一方面，着眼于学生核心素养的整体发展。比如 2017 年微写作的第二题，要求考生"从《红楼梦》中的林黛玉、薛宝钗、史湘云、香菱之中选择一人，用一种花来比喻她"，并"简要陈述这样比喻的理由"。"用一种花来比喻"，语言形式上就要求是一个比喻句；而以花来喻人，这里既有对考生阅读作品、了解人物身世命运、理解人物思想性格的考查，又有对文化传统中"花"作为咏物抒怀意象特征的考查，思维架构里兼及文化、审美问题。同时，只有本体与喻体特征一致、意蕴相通，比喻修辞才最为恰切，表达出的阅读感受才最真实、深刻。

另一方面，坚持以具体情境为载体，设计典型任务，积极倡导考生通过阅读积累和感悟解决语文学习中的真实问题。比如上述 2015 年微写作的第一题，"语文老师请同学们推荐名著中的章节或片段供课上研读"。

（2）坚持读写融合的考查形式

近年来，高考北京卷坚持在微写作中考查整本书阅读。其价值有两方面：一是以读促写，引导考生联系个人经验，深入理解作品；在享受读书带来的愉悦的同时，通过微写作，积极从作品中汲取营养，巩固阅读成果，丰富自己的精神世界，逐步形成正确的世界观、人生观和价值观。二是以写评读，通过微写作考查考生对作品基本内容、主旨的整体把握，对人物形象、思想内涵和艺术特色的理解、分析，对作品价值、意义的感悟和评价。

优秀的试题与考生优秀的作答相得益彰，让我们看到读写融合不仅是学习的手段，更是学习的目的与追求。比如 2017 年的高考北京卷微写作第三题，为《边城》里的翠翠、《红岩》里的江姐、《一件小事》里的人力车夫、《老人与海》里的桑提亚哥之中的一个人物设计雕像，有学生写道：

我要设计这样一位人力车夫。雕像展现的是他的一个背影。身体结实，体格健壮，左手摁住在风中单薄而摇摆不定的人力车车把。骨节分明，长满老茧的右手伸向地上摔倒的一位老妇人。他的后背向前弯曲，轮廓清晰，棱角分明。设计该雕像，是为了在还原鲁迅先生《一件小事》主要人物形象的基础上，努力展现一个负责任、愿担当，与乘车人形成鲜明对比的人力车夫形象。背影，正是乘车人观察的视角，也是他内心中人力车夫精神的定格。这样的角色不仅是在当时那个人吃人的社会中的一股清流，在当下人心日趋冷漠的社会中，更值得大书特书。树立这样一尊雕像，供世人学习，令世人警醒。

这个答案不仅符合原著，描写到位，而且为我们思考"如何把对名著的读转化为对微写作的写"提供了范例。我们单看考生要设计的这个"背影"，就带着明显的观察视角意识。因为在原著中，"我"能看到的只有人力车夫的一个背影，这样一来，所有观看这尊雕像的人就都站在原著中"我"的视角上了。以"我"的目光去看，以"我"的视角去感受，以"我"的位置去思考。于是乎，这个人力车夫的背影就渐趋高大起来，不仅要榨出若干年前那个"我"皮袍下面藏着的"小"来，还要照出对若干年后老人倒地"扶不起"的现实思考。

读得到位，所以写得准确；读得深刻，所以写得精彩。读出了作者的写作意图，也读出了时代意义，所以该考生将对人物的描写、对契合原著的说明、对设计意图的阐释，了无痕迹地圆融为一体。读与写真正融合在了一起。

（3）考查形式多样，评价角度多元，尊重学生的主体地位

当整本书阅读的考查与微写作相结合，我们看到读与写——书目的可选择、题目的可选择、表达方式的可选择——结合到了一起，考查形式更为丰富、多样，评价的角度更为多元、客观，体现出课程评价面向全体学生、尊重学生主体地位的特点。

2. 近年来北京学业水平考试中的整本书阅读考查

北京的学业水平考试，无论是 2020 年之前的普通高中会考，还是

自 2020 年开始的普通高中学业水平合格性考试，其对于整本书阅读的考查与高考北京卷不同，有自己的一套体系。

北京市普通高中会考和学业水平合格性考试在文学常识、文学类文本阅读、作文等板块中对整本书阅读进行考查。其中，文学类文本阅读以名著节选作为选文，从语言积累、内容理解、人物分析等角度进行考查。能够体现读写融合思想的是理解探究题，如北京市 2019 年普通高中会考语文试卷的第 13 题：

下面是三位学者对黛玉爱情悲剧的评论。刘大杰认为悲剧缘于黛玉对封建文化的反抗，刘敬圻认为原因是黛玉对封建道德的恪守，而王昆仑认为原因在于黛玉敏感多疑的个性。这些观点角度不同，各有道理。你最认可哪个观点？请结合选文或原著中的具体内容谈谈你对该观点的理解。

刘大杰：（林黛玉）鄙视封建文化的庸俗，她诅咒八股功名的虚伪；她不谄上骄下，不贪图富贵，她用生命来争取她的理想，不屈服不投降，不同流合污，为了坚持自己完整的人格与幸福的爱情，她斗争到最后一分钟。

刘敬圻：林黛玉的名门闺秀风范，她从所受教育与习俗中养成的自我控制行为，害苦了她。换句话说，她"并不孜孜以求超越自然与社会的秩序……也不想重新调整价值观"。无怪乎清人感叹说："古未有儿女之情日以眼泪洗面者，古亦未有儿女之情而终身竟不著一字者，古未有儿女之情而知心小婢言不与私者。""死黛玉者黛玉也。"

王昆仑：宝钗和湘云存在着一天，（黛玉）和宝玉的关系就一天得不到平静与和谐。……她随时谛听着，有谁的脚步走近了宝宝的身边；随时窥伺着，宝玉的心在向着谁跳动。她的灵魂永远在紧张、惊愕之中。……她神经越敏锐，估计敌情越强；地位越孤立，假想的敌人越多，于是只有让深重的疑惧、妒恨、忧郁不断地侵蚀自己，而人生的路径也就非常狭窄了。

这是一道关于"黛玉爱情悲剧"原因的讨论探究题，我们不难看出其具有以下特点：

第一，试题采用小专题的形式，侧重考查对名著思想内容和艺术特点的整体把握。引导考生从故事、人物、场景、语言等方面入手，感受、欣赏人物形象，探究人物的精神世界，体会小说的主旨。

第二，试题给出不同学者对同一问题的不同看法作为考生的思考支架，帮助考生搭建较为完整、立体的思考模式。不同观点的冲突、碰撞，也有助于考生辩证地展开思考。

第三，试题模拟考生借鉴阅读相关资料对小专题进行探究的场景，营造了接近考生真实学习状态的情境。读写融合中"读"的内容不再局限于名著本身，而是拓展到"读相关评价材料""读文献"等。

2020年，北京市开始进行学业水平合格性考试后，其作文试题对整本书阅读的读写融合考查变得更为充分。之前若干年的北京市会考试题就非常重视通过读写融合考查写作，用相对完整的一篇文章代替较为短小的一段作文材料。在2020年北京市第二次学业水平合格性考试题中，文化名著《乡土中国》的节选成为作文板块命题的材料。试题选取《文字下乡》中的三个自然段，围绕"愚"这一话题，从议论文、记叙文两种文体角度，命制了可供选择的作文题目。

这样的命题方式突破了传统作文题目的形式，带有一定的创新性，在较大分值的题目上融入整本书阅读读写融合实践，体现了高中新课标中对学业质量水平的描述："能利用获得的信息解决具体的实际问题""能运用所学的知识对学习中遇到的一些文化现象发表自己的看法"。整本书阅读的内容成为认识、思考某类问题的认知基础和思维出发点，学生在发表看法、设计故事等完成写作的具体实践中，自觉思考，加深对阅读内容的理解，在某一话题下与作者进行穿越古今的对话。

二、语文核心素养导向下整本书阅读读写融合考查的探索与实践

在认真研究已有试题的基础上，近年来，笔者也命制了一些体现语文核心素养导向，基于读写融合实践的整本书阅读考查题目。这些题目以具体情境为载体设计典型任务，努力体现语文素养的综合性、整体性，整合阅读与鉴赏、表达与交流、梳理与探究三个方面的实践性活动，让学生在较为复杂的情境、多种角度和开放空间中充分展示其富有创造性的个性化的学习成果。

1. 基于语言素养的整本书阅读读写融合题目

基于对"语言建构与运用"在语文学科核心素养四个方面中的价值的思考，笔者尝试命制了从语言单位出发，基于语言素养考查，指向学生思维能力发展与思维品质提升的整本书阅读读写融合题目。例如：

"名如其人"，作家为自己作品中的人物命名往往也遵循这一原则。通过文学化手法命制的名字，或暗示人物命运，或隐含人物品格性格，或揭示作品主题，大有意趣。请从下列四组名字中任选一组，谈谈你的理解。要求：符合原著，有理有据。

许云峰与成岗　孙少平与孙少安　阿 Q 与孔乙己　甄士隐与贾雨村

本题考查学生在整本书阅读中对人物、情节、主题等内容的理解。题目要求学生从人物名字这个语言单位入手，结合整本书阅读的积累和感悟，分析其中暗示的人物命运、隐含的人物品格性格或揭示的作

品主题。

第一组"许云峰与成岗"，人物出自《红岩》，姓名的语言特点主要是运用了比喻修辞："云峰"——高耸入云的青峰，"成岗"——成为巍峨的山岗。两位烈士的名字均与山石有关，象征着中国共产党人坚定的信仰，不屈的意志，视死如归的大无畏英雄气概。从中我们似乎能洞见许云峰坚持狱中斗争的坚韧，也能听到成岗"高唱凯歌埋葬蒋家王朝"的激越铿锵，更能理解"共产党员是用特殊材料制成的"这一伟大主题。

第二组"孙少平与孙少安"，人物出自《平凡的世界》，姓名的关键字是"平"和"安"。学生可以通过炼字的方法解锁作者隐藏在名字里的密码。路遥在《平凡的世界》中把苦难转化为一种前行的精神动力，为我们展示了普通小人物在艰难生存境遇中，克服重重困难的美好心灵与坚韧不拔的奋斗精神。孙少安、孙少平自强不息，依靠自己的顽强毅力与命运抗争，追求自我的道德完善。孙少安是安于乡土，矢志改变命运的奋斗者；而孙少平是拥有现代文明知识、渴望融入城市的"出走者""不平者"。他们的命运向着与名字相同或相反的方向演进、发展，构成了中国社会普通人人生奋斗的两极经验。

第三组"阿 Q 与孔乙己"，人物出自鲁迅先生的小说集《呐喊》。农民和知识分子是鲁迅先生最长于塑造的文学形象，作为他们的"杰出代表"，"阿 Q"没有名字，"孔乙己"只有一个绰号。关于阿 Q 的名字："而我并不知道阿 Q 姓什么。有一回，他似乎是姓赵，但第二日便模糊了。""我曾仔细想：阿 Quei，阿桂还是阿贵呢？""只好用了'洋字'，照英国流行的拼法写他为阿 Quei，略作阿 Q。"关于孔乙己的名字："因为他姓孔，别人便从描红纸上的'上大人孔乙己'这半懂不懂的话里，替他取下一个绰号，叫作孔乙己。"从中我们可以看到鲁迅先生辛辣的讽刺，更能思考他"杂取种种人，合成一个"的创作方法，活画出"哀其不幸，怒其不争"的国民性的魂灵来。

第四组"甄士隐与贾雨村"，人物出自《红楼梦》，姓名的语言特点为谐音双关。甄士隐、贾雨村两个人物拉开了红楼一梦的大幕，这也是前五回在全书中纲领作用的体现。写甄家就是为了写贾家，贾家又是甄家的投影。甄家有的，贾家一定有，甄家所发生的，贾家即将会发生，正所谓"假作真时真亦假"。同时，作者告诉我们将"真事隐去"，用"假语村言"来述说故事，书中种种都是从真实中得来的，但大家族的兴衰荣辱不能直说，所以只能用曲笔。

姓名这样一个小小的语言片段的背后，是作者寄托的深意。姓名是浓缩的，由读名字、读作品，到写出名字背后隐藏的深意，其实就是一个把人物名字放在人物命运、故事情节、作品主题中"泡开"的过程。其核心价值正在于基于语言材料，又超越了语言材料，引导学生借助整本书阅读经验的基础，在破解语言密码的思维活动中，洞察与发掘语言背后的价值、态度、情感、品格等审美、文化层面的意蕴。

2. 基于审美、文化素养的整本书阅读读写融合题目

高中新课标指出："语言文字作品是人类重要的审美对象，语文学习也是学生审美能力和审美品质发展的重要途径。"提升学生审美、文化素养是培养新时代合格建设者和接班人的必然要求，也是语文教学的重点、难点。语文教学应找到提升学生审美、文化素养的突破口。语言文字是文化的载体，又是文化的重要组成部分，而语言文字作品是人类重要的审美对象，是语文教学的主阵地。设计基于审美、文化素养的整本书阅读读写融合任务，一方面可以使学生在整本书阅读中感受和体验文学作品的语言、形象和情感之美，欣赏、鉴别和评价不同时代、不同风格的作品，形成正确的价值观、高尚的审美情趣和审美品位；另一方面可以使学生在完成写作任务的过程中，实践对美的

表达与创造，运用祖国语言文字表达自己的审美体验，自己的情感、态度和观念，表现和创造自己心中的美好形象，自觉传承中华文化，理解多样文化，关注、参与当代文化。

基于以上思考，笔者和同事们在北京海淀区 2020 届高三期中考试中命制了如下题目：

悲剧美是指在文学艺术中将美好的事物毁灭，通过对立和冲突，展现动人心魄、撼人心灵的美感。请以《呐喊》《边城》《红岩》《平凡的世界》《巴黎圣母院》中的某一个人物为例，谈谈你对悲剧美的理解。要求：结合作品内容分析。150 字左右。

本题引导学生借助对文学作品中人物悲剧命运的分析，以美学的相关知识作为支架，认识、思考文学艺术中悲剧美的意义，实现学科核心素养中的"思维发展与提升"。

《红岩》中蕴含着英雄的悲剧，其中有英雄的理想与信仰被摧毁，得不到实现；肉体被摧毁，思想得不到伸张的悲剧。作品在表现对伟大和崇高的人的摧毁的同时，更表现出无法摧毁的人的伟大和崇高。学生在分析的过程中，更能感受到理想信仰的可贵和伟大。《呐喊》《边城》《平凡的世界》《巴黎圣母院》里面蕴含着凡人的悲剧，他们同生活中的种种阻遏、困境的斗争，让人能感受到生命中真善美的可贵。

这个写作任务要求学生谈对悲剧美的理解。鲁迅先生在《再论雷峰塔的倒掉》中说："悲剧将人生的有价值的东西毁灭给人看。"学生在完成写作任务的过程中，需要回答三个关键问题：①人物美在哪里？②哪些冲突或对立毁灭了美？③美被毁灭后产生了怎样的影响？学生要读出人物的美，更要读出作品中社会的矛盾、社会力量的冲突，看到冲突双方分别代表着真与假、善与恶、新与旧等对立的两极。这类作品的结局，往往是以代表真、善、新等美好的一方的失败、死亡、毁灭为结局，于是这样的人物成了悲剧的主人公。因为他们的力量还比较弱小，无法与强大的旧势力或邪恶力量抗衡，正义的要求不能实现；或他们"与我们相似"，他们美好的一面被毁灭，"引起怜悯和恐惧来使（我们的）感情得到陶冶"（亚里士多德语），产生净化精神的作用。悲剧不仅表现冲突与毁灭，而且表现抗争与拼搏，这是悲剧具有审美价值的最根本的原因。最终我们希望学生能够自觉认识到善与美的宝贵，感受到美的意义，进而去热爱美、追求美。

这样的题目，不同于我们常见的用作品片段印证某一文学评价的考查方式，追求读写融合的深度和学生思维活动的品质。

3. 基于学习任务群特点的整本书阅读读写融合题目

本轮课程改革从语文的特点和高中生学习语文的规律出发，以语文学科核心素养为纲，以学生的语文实践为主线，提出了"语文学习任务群"的概念。语文学习任务群以任务为导向，以学习项目为载体，整合学习情境、学习内容、学习方法和学习资源，引导学生在运用语言的过程中提升语文素养。高中新课标在"评价建议"部分也要求"全面把握学习任务群的特点"。

基于此，笔者和同事们在海淀区高三复习中命制了基于学习任务群特点的整本书阅读读写融合题目：

有人说，文学作品中的长兄形象，常常是隐忍、保守的。你是否同意这种说法？请从孙少安（《平凡的世界》）、天保（《边城》）、高觉新（《家》）、周萍（《雷雨》）和大哥（《狂人日记》）中选择一位，谈谈你的看法。要求：观点明确，论据符合原著，自圆其说。

学习任务群要求教师在真实情境下确定相关的人文主题，设计学习任务。本题以"文学作品中的长兄形象"作为载体，也就是人文主题，串联起中国现当代文学中的不同作品；以"文学作品中的长兄形象，常常是隐忍、保守的"作为核心观点，树起靶子，设计讨论、探究的学习任务，引发学生思考、争鸣。这个问题是学生通过阅读、思考，能够想到、可以作答的。

在中国传统式家庭中，支撑家庭、辅助父母、爱护弟妹是长子的天职，舍弃小我为大家付出是理所当然的事。探究长兄形象，就是帮助学生认识和思考中国式家庭，探究"乡土中国"家族特征的文化渊源，启迪当代青年人唤醒自我意识，平衡个体与家庭的关系。

虽然题目要求学生选择一位人物谈看法，但从题目的整体架构上来看，这是一个整合了不同文学经典作品的题目。可以说是众多中国现当代文学作品共同托举起一个中国式的长兄形象，他们同中有异，命运的轨迹由个人、家庭、社会等众多因素一起构成。如果作为一个学习任务，此题应该是整本书阅读任务群或中国现当代作家作品专题研讨任务群的一个较好的典型任务。在这个任务中，感知感悟、梳理归纳、筛选整合、联想类比、抽象概括、结构分析、论证演绎、实证推理、欣赏评价等语文的重要思维活动得以有效展开，有助于实现整本书阅读任务群内容的整合与组织，避免阅读感悟的琐碎与零散。

4. 指向多文体写作的整本书阅读读写融合题目

北京考试院在 2015 年高考北京卷考试说明中提到，"中学生的经历、性格、兴趣等各不相同。对不同的文体，不同的作文题目，其适应程度不同。因此，面对不同的题目，考生的写作水平常常表现出浮动状态。为更真实地测出考生稳定的写作能力，给不同特点的考生更多选择，可以给考生更多的选择、更多的机会与更广阔的写作空间，使考生能够尽其所能，发挥出自己应有的水平"。因此，开发出指向多文体写作的整本书阅读读写融合题目就显得尤为重要。基于此，笔者尝试命制了如下题目：

请从下列名著人物中任选一位，为他（她）写一则小传，介绍他

（她）的主要生平经历、思想性格，表达你对他（她）的认识和感情，可写诗歌。

　　林黛玉（《红楼梦》）　　　　桑地亚哥（《老人与海》）

　　许云峰（《红岩》）　　　　　孙少平（《平凡的世界》）

　　本题要求学生为名著中的人物写小传，提出了两个具体要求：对文学作品中的经典人物形象有较为全面的了解；撰写小传。小传这种文体，学生在课文中是有过接触的，比如《方山子传》。此外，很多文言文练习的选文，本身就是优秀的人物传记，而《史记》就是采用纪传体来撰写的。因此，完成这个写作任务的基础，其一来自对整本书的阅读，其二来自对小传这一文体的认识。

　　教师可以借助这些内容，帮助学生梳理出人物小传的一般写作要求：人物小传，是传记文的一种，是一种简略记载人物生平事迹的文章。

　　小传因篇幅所限，一般不能详尽地写出人物的一生，但也要大致介绍其生平经历，比较全面地展示其主要思想性格特征，透视其精神世界。要选取最典型的事例来表现人物主要的思想性格特征，这就要借助整本书阅读中的积累，对人物形象有较为准确的概括，对决定或改变人物命运的关键事件有精练的提取和呈现。人物小传基本上采用客观叙述的方式，但在记述过程中又不可避免地要显示出作者对人物思想品格、是非功过的态度和评价，这就需要依托学生对名著作品内容、主题的深入理解，以保持较为全面、客观、公正的态度。

　　为了保证学生可以灵活使用自己熟悉的文体完成写作任务，教师有必要补充一些不同风格的人物小传，作为阅读的延伸、写作的支架。比如老舍先生四十岁时自拟的小传：

　　舒舍予，字老舍，现年四十岁，面黄无须。生于北平，三岁失怙，可谓无父。志学之年，帝王不存，可谓无君。无父无君，特别孝爱老母，布尔乔亚之仁未能一扫空也。幼读《三》《百》《千》，不求甚解。继学师范，遂奠教书匠之基。及壮，糊口四方，教书为业，甚难发财；每购奖券，以得末彩为荣，示甘于寒贱也。二十七岁，发愤著书，科学、哲学无所懂，故写小说，博大家一笑，没什么了不得。三十四岁结婚，今已有一女一男，均狡猾可喜。闲时喜养花，不得其法，每每有叶无花，亦不忍弃。书无所不读，全无所获，并不着急。教书作事，均甚认真，往往吃亏，亦不后悔。如是而已，再活四十年也许能有点出息！

这篇小传通俗易懂，内容丰富，语言风趣隽永，带有很强烈的老舍先生的风格。

再比如，1978 年，启功先生 66 岁时，妻子、母亲和恩师已经先后离他而去，回想半世艰辛岁月，他在悲痛之余写下了这篇诙谐、精练的《自撰墓志铭》：

中学生，副教授。博不精，专不透。名虽扬，实不够。高不成，低不就。瘫趋左，派曾右。面微圆，皮欠厚，妻已亡，并无后。丧犹新，病照旧。六十六，非不寿。八宝山，渐相凑。计平生，谥曰陋。身与名，一齐臭。

这篇小文章以三言构成，形式上像"三字经"，内容上高度概括了先生当时的状况，语言风趣幽默，读来令人捧腹的同时，又多少让人有些唏嘘。

还有像学生熟悉的陶渊明的《五柳先生传》，也是极好的人物小传范本。

在教学中，笔者把这些材料提供给学生，一下子激发了他们创作的热情，让他们看到文体、风格的选择，都可以成为固化阅读整本书成果、进行二度创作的重要条件。下面列举几个学生的作品：

林黛玉：薄命女林氏者，传乃绛珠托生，为报前世神瑛灌溉之恩也。少孤，外祖母史氏悯其孤弱，养于膝下。林敏而多思，少有才名，为辞必无雌声。凄楚冷厉，不似少女。尝悦表兄贾君宝玉，有共读西厢，同结诗社之谊。然林体弱，秉性孤高，宝玉母王氏不喜，遂以甥女薛氏许之。林苦涩郁塞，终咯血，泪尽而亡。情生情死，实可叹哉。林讳黛玉，有曹氏雪芹录其事，为《石头记》。

桑地亚哥：桑地亚哥，捕鱼者也。翁之壮也，尝捕鱼数十斤，为市人惊叹，并与大力者搏腕，亦胜也。然世殊事异，及其老也，孤苦伶仃，家中仅有一孤老也。一日，翁出海捕鱼，曾捕鱼长数尺，及返，鱼为鲨食，仅剩一头矣。盖天下之勇武者，莫不如翁。虽年事甚高，仍茕茕面对厄难，"老当益壮，宁移白首之心；穷且益坚，不坠青云之志"；虽仅得一头，然其精神，为人之所敬也。呜呼！翁虽老矣，精神不朽，余是有所敬之而心实向往之。

许云峰：山峰上有一块鲜艳的红岩 / 记录着岁月中那点点硝烟 / 在烽火中 / 我看到你待同志热情似火 / 我看到你与成岗在狱中相见 / 共诉那革命的誓言 / 我望见你在白公馆被密囚 / 却仍坚贞不屈 / 我看见你与华子良合力助战友逃出生天 / 化作脚下坚实的红岩 / 化作天边最美的火焰！

孙少平：体会过朦胧的爱情，体验过穷苦的悲伤，更懂得工地上的一手老茧为何，以及死亡所带来的无奈与辛酸。这便是孙少平。很多人不知道"穷"是什么感觉，但在少平掺杂着雨水的馒头里，人们体会到了。他冲破束缚，努力寻求的，不过是一段正常的生活。而也正是生活，磨炼了他永不言弃的坚毅目光，教会了他对生老病死的淡然。平凡的世界中，孙少平就这么"平凡"。

三、整本书阅读读写深度融合评价的未来展望

读写深度融合不仅是整本书阅读的学习手段，更是学习的目的与不懈追求。作为语文教师，我们要帮助学生走好整本书阅读"最后一公里"，这"最后一公里"也是"关键一公里"。作为高中阶段整本书阅读学习成果的评价，它不仅是一个结束，更意味着一个新的开始。

自 2015 年北京提出在普通高中会考和中高考中考查整本书阅读以来，我们乐见北京的中学生捧着文学文化名著在学校、在家、在地铁上阅读；我们乐见整本书阅读作为语文学习的重要内容重回中学语文课堂，并在无数教师、专家的努力下朝着课程化、学习任务群的方向发展；我们更欣喜地看到一批体现课程改革理念，尊重学生阅读、学习、认知规律的评价检测题目，在命题专家的手中，在一线语文教师的手中被创造出来，并朝着情境化、任务化、多元化的方向积极发展着；我们更满怀信心地看到以读促写、以写评读的读写深度融合策略，在整本书阅读的学习、评价中发挥了更加巨大的作用。

从北京学业水平等级考试结合整本书阅读命制作文题目的实践，以及统编高中语文必修下册第七单元提出的"续写人物结局""学写综述"的学习任务来看，整本书阅读的读写深度融合的未来任重而道远。

记得在 2013 年的 7 月，广西师范大学出版社以"死活都读不下去的作品"为主题进行了一次读者调查，结果显示《红楼梦》《百年孤独》等经典图书位居前列。那是北京推出整本书阅读考查的"前夜"，作为语文教师，当时我们怀着复杂的心情，给学生命制了一道作文题：

日前，某出版社以"死活都读不下去的作品"为主题进行读者调查，结果显示，"死活都读不下去书单"排名前十的书籍有：

1.《红楼梦》2.《百年孤独》3.《三国演义》4.《追忆似水年华》5.《瓦尔登湖》6.《水浒传》7.《不能承受的生命之轻》8.《西游记》

9.《钢铁是怎样炼成的》10.《尤利西斯》。

这个现象引发了你哪些思考？请自选角度，自拟标题，写一篇不少于 800 字的议论文。

命制这道题的目的，就是想让学生通过写作，思考阅读经典名著的意义。我们讲学科育人，阅读是语文学习的重要途径，更是我们生活的重要方式。其之于写作——"读书如销铜，聚铜入炉，大鞴扇之，不销不止，极用费力。作文如铸器，铜既销矣，随模铸器，一冶即成，只要识模，全不费力。所谓劳于读书，逸于作文者此也"（《程氏家塾读书分年日程》）。若干年过去了，越来越多的人认同此中真意。

苏轼《东坡志林》载："顷岁孙莘老识欧阳文忠公，尝乘间以文字问之。云：'无它术，惟勤读书而多为之，自工；世人患作文字少，又懒读书，每一篇出，即求过人，如此少有至者。疵病不必待人指摘，多作自能见之。'"今天，我们要在欧阳修"勤读书而多为之"的基础上，添加进新的内容，着重强调读写深度融合的策略之于阅读写作，乃至于提升学生语文核心素养的价值与意义。

高中整本书阅读混合式学习的探究与实践

北京市第二十七中学　上官卫红

在《普通高中语文课程标准（2017 年版 2020 年修订）》中，"整本书阅读与研讨"任务群贯穿必修、选择性必修、选修三类课程，且有着明确的学习目标与内容。"整本书阅读"也自然成为当下语文教育关注的热点。而随着信息技术的发展，混合式学习也逐渐成为高中语文教学的常态。

一、混合式学习在整本书阅读中的优势

混合式学习的说法源于英文"Blend-learning"。虽然概念源于西方，但国内学者也对其做了大量研究，根据各自的阐释，观念也有所不同。可以肯定的是，混合式学习不是字面上简单的混合，也不只是传统观念里线上学习和线下学习的混合，而是教学中所有要素的混合。这就为一线教师多维度理解并实践混合式学习提供了广阔的空间。

结合高中语文整本书专题学习，笔者对所教的 2015—2018 届、2018—2021 届学生做过"校内网络学习得与失"的调查。在共 83 份有效调查问卷中，有近 80% 的学生反馈校内网络学习受益良多。总结

起来，其优势主要有四点。

第一，学习效率高，经济节省，可与传统课堂形成有效互补。其中效率高主要体现在阅读量上。比如一般要求高中学生阅读速度是一分钟 500 字，一节课 40 分钟，若按照 30 分钟有效阅读时间来计算，那么学生一节课略读的浏览量为 1.5 万字左右，速度快的能达到 2 万字。这是平时传统课堂上的纸质版阅读很难达到的。经济节省体现在省去了将阅读资料印成纸质的成本。与传统课堂的有效互补主要体现在学习材料的获取上，比如笔者指导学生进行《红楼梦》和《论语》的专题学习时，每周会集中上两节网络课，补充相应的学习材料，让学生根据自己的情况进行自主学习并做好笔记。

第二，学生精力较为集中。校内的网络学习，教师主要起指导与监督的作用。每个学生的学习情况不同，网络学习有利于学生根据自身学习兴趣、喜好和特点对信息进行筛选，按自身所需来进行个性化阅读。因此其学习兴趣会更浓，精力也更集中。

第三，形式灵活，易于交流。网络学习便于学生学习成果的快速共享。他们可以用短暂的时间进行更有效的学习与交流，收获更多。同时，直接、快速的反馈，又有助于学生进行更深层次的思考。

第四，线上学习的优势决定了其可以提高某些教学环节的效率。比如笔者曾让学生在专题学习完成后，每人完成一篇论文。论文的写作要经过"选题交流、定向聚焦、提纲讨论、写作修改、成文定稿"五个阶段。学生在传统课堂上进行选题交流、定向聚焦，然后到线上课堂进行提纲讨论，互相学习鉴借，在教师的指导与同学的互评中，砥砺收获。

二、基于混合式学习的课程设计

基于混合式学习的整本书专题阅读课程的实践更需有效的设计。笔者通过传统课堂与虚拟课堂的融合，对线上线下整本书阅读教学进行基于学情分析的目标性、基于教学过程的序列化、基于学习深度的层进式推进。

1. 学情分析

任何学习方式的使用都不能脱离教师对学生学情的调查与分析，混合式学习也是如此。以笔者对所教的两个班共 87 名学生的调查为例，在高一入学时，他们对语文学习，尤其是文学作品的兴趣普遍较为浓厚。虽然初中阅读的名著数量有限，文言文背默较多，但小说等文学作品还是很受学生欢迎的。调查还表明，学生喜欢语文，尤其喜欢小说，希望更灵活地阅读学习。

基于以上学情，加强对学生的学习指导，尤其是整本书的阅读指导，就成为笔者开展阅读教学的重要内容。而鉴于整本书的篇幅与容量，混合式学习也可使整个学习活动开展得更加灵活、高效。

2. 课时安排

利用混合式学习进行整本书阅读的过程中，教师要先根据所读书的字数、内容与学习目标，做好线上线下的学习时间安排。如《红楼梦》《苏东坡传》《四世同堂》《平凡的世界》《边城》《呐喊》，作品难易程度、字数不同，学习时间也长短不一。

读书，读为根本。笔者借助专题阅读形式，根据整本书的难易程度和字数安排具体学时。形式上构建线上网络课堂的自主与合作学习、线下传统课堂的交互学习与课外实践的"行走游学"相结合的立体阅读模式。

3. 课程设计

    基于混合式学习的整本书阅读应有清晰完整的课程设计。从笔者与学生共同学习《乡土中国》《红楼梦》《四世同堂》《苏东坡传》《论语》等几部作品的情况来看，无论是网络课堂还是实体课堂，课程设计都值得关注，即要设计有梯度的混合式学习流程。

    整本书专题阅读就是让师生共读深思。如针对《红楼梦》的阅读，笔者设计了两个半月共约 60 课时的学习。开始之前，很多学生有畏难情绪。这时教师需要对学生进行自读指导。笔者以基本知识竞赛起步，逐步推进整本书阅读为思路，进行了课程设计。如阅读起步阶段，鼓励学生在课下自主学习，通过"名著知识知多少"的竞赛，了解并分析学生的阅读时间、阅读范围、阅读内容等，及时跟进指导。在此基础上再利用混合式学习方式，推动学生阅读活动的开展。

    笔者设计的《红楼梦》专题阅读，包括关注学生自读与教师指导学习、搭设辅读支架的网络学习、社会课堂立体阅读的行走学习、线上线下思辨交流的写作学习四部分内容。教学实施过程中，笔者帮助学生精选了辅助阅读的网络资料，设置了具有阅读梯度的四个课段：

    第一课段为原作自读。

    这一课段用时 3 周，主要在线下的传统课堂进行，重点在于指导学生利用课内外时间重点阅读《红楼梦》前八十回及相关文章，激发其阅读兴趣。

    这一阶段笔者开展了"经典诵读"与"我讲名著"活动，将学生的阅读与研究探索相结合，促进生生、师生相互学习。接着，设计"为红楼人物写小传"等学习任务单，使学生的阅读有的放矢，自觉运作。其间采用以下对策：一是规定进度，要求学生每天利用课余时间自读，写阅读心得体会，教师定期做精读指导；二是定期展示，通过举办阅读成果展（优秀摘录笔记、随笔论文展）及专题讲座，开设名著阅读指导课，让学生交流阅读方法和心得。

同时，为提升学生在阅读学习中的思考能力，笔者为他们提供了基础阅读和拓展阅读材料。基础阅读材料有《〈红楼梦〉不好读》《我们应该怎样读〈红楼梦〉》，拓展阅读材料有《读懂〈红楼梦〉的三境界》《欣赏断臂美，素心向红楼》。

第二课段为节选精读。

这一课段用时 2 周，主要为节选阅读，从形式到内容，依次解读作品的开篇、线索、环境、人物、主题、意蕴和结局等。这一阶段的学习旨在帮助学生在第一课段基础上精读作品。同时设计两节网络课，让学生交流阅读心得与困惑。

阅读篇目从前八十回中节选 11 回，从后四十回中节选 1 回，分基础阅读和拓展阅读两个阶段。基础阅读包括"甄士隐梦幻识通灵、冷子兴演说荣国府、林黛玉抛父进京都、王熙凤协理宁国府、荣国府归省庆元宵、埋香冢飞燕泣残红"等内容。拓展阅读包括"不肖种种大承笞挞、史太君两宴大观园、敏探春兴利除宿弊、寿怡红群芳开夜宴、惑奸谗抄检大观园、林黛玉焚稿断痴情"等内容。

对于文学素养比较好的学生，教师在指导略读与精读阶段，可为其选取更多《红楼梦》的相关材料，如一些学者的研究专著或文章，拓展其视野。

第三课段为赏析研读。

这一课段用时 2 周，重点在于让学生结合作品及教师提供的必读资料进行线上学习。教师提供的资料分为基础性研读（赏析或探究）和拓展性阅读两部分，旨在培养提升学生的辩证思维能力。在这一阶段的学习过程中，教师根据学生的水平提供不同专家从不同角度对作品及其人物进行解读的材料，以丰富思考、加深理解。学生在此基础上不断提出质疑并交流互动，形成自己的发现。

第四课段为"行走阅读"的收获提升。

这一阶段重点实施以地方资源为基础的"行走阅读"，如笔者利用北京的资源优势，设计了"仲夏品读大观园""霜秋踏访黄叶村"两次游学活动。然后以活动中的思考发现为基础，进行《红楼梦》阅读感悟的写作，教师对学生进行从选题、定向、提纲到成文的指导。

需要注意的是，混合式学习并不拘泥于一种教学模式，关键在于教师做好课程设计。

三、混合式学习基础上整本书阅读的有效策略

在进行混合式学习研究过程中，笔者还带学生一起阅读了《四世同堂》《苏东坡传》《论语》《老人与海》等多部著作，其中线上线下，课内课外，从网络课堂到实体课堂再到各个博物馆的社会大课堂的学习，形式多样，学生可以从中得到更多收获。在混合式学习的基础上，笔者总结了整本书阅读实施的五个策略。

一是课堂导读与微课学习。整本书阅读要有阶梯式的课程设计。而课程学习之初，导读尤为必要。笔者在每一部书的学习开始之前，会让学生结成学习小组。每个小组的学生利用各自的优势，发现并解决一些基本问题。教师课下进行指导修改后，课堂上让学生展示，然后以微课的形式通过网络平台分享给学生。学生观看后写下感受或提出疑问。这就为学生的阅读打开一扇兴趣之门。如在进行《四世同堂》的阅读时，学生发现有两个版本的《四世同堂》，而且其第一、第三部的标题不同，于是导读时，有学生提出问题："《惶惑》《偷生》《饥荒》与《小羊圈》《偷生》《事在人为》的区别是什么？"就此问题，学生

在课堂上畅所欲言，后又在线上发表自己的见解，最后形成有自己独特思考的文字，师生均收获颇丰。

二是自主阅读与在线指导。整本书阅读仅依赖传统课堂是较难实现的。因此，教师要结合具体学情，指导学生利用课余时间学习。在此过程中，教师可规定相应的进度与内容，指导学生综合运用泛读、略读、跳读等方法，同时可设计学习任务单，指导学生做好阅读笔记。如笔者在指导学生阅读《红楼梦》时，结合前八十回，为学生设计了每回至少两个问题的学习任务，帮助学生自主阅读学习。

整本书阅读，不能仅限于原作品，教师还要利用网络课堂，为学生搭设阅读辅读资料的支架，让学生能有更开阔的思考空间。如《红楼梦》阅读从基础性阅读到拓展性阅读，十多万字的辅读文字就是利用网络课堂为学生阅读做充分的铺垫。借助网络平台实现学生阅读量的大幅增加，这是传统的线下课堂所不可比拟的。同时，借助网络平台，教师可以在线上对学生不同的学习情况进行有针对性的指导，随时关注学生的学习进度并答疑解难。

三是学生展示与协作分享。无论线上还是线下，学生永远是学习的主体。学生的学习展示与合作分享也是值得鼓励与关注的。笔者在指导学生阅读《平凡的世界》《呐喊》《论语》等作品时，发现随着作品难度的不断加大，学生的合作与研究意识也不断提升。如在就《论语》中的儒家思想进行分析时，学生不仅主动分工合作，还将儒道互补作为思考重点，比较分析两种理论对"为政"的思考，并在合作交流后形成文字。学生在协作学习中不仅要去解决真实世界的问题，而且也得到了如何解决问题的有效训练。

四是思维训练与综合实践。整本书阅读为学生个性化学习提供帮助，混合式学习则为学生独立思考的思维训练与综合写作训练提供支撑。混合学习背景下的整本书阅读有助于实现深度学习。笔者所任教的两个班的学生都在完整的阅读学习过程中完成了读书随笔、想象作文或研究性论文的写作任务。其间，他们还根据阅读情况画思维导图，如结合《苏东坡传》为苏轼画人生地图，结合《四世同堂》画小羊圈地图等，有效提升了思维能力。

此外，带学生走出教室，将整本书阅读与社会课堂结合起来的综合实践学习也尤其重要。如阅读《雷雨》期间，笔者带学生走进北京人艺戏剧博物馆，读《边城》时走进中国现代文学馆，读《红楼梦》时走进大观园、香山黄叶村等。这样的阅读实践活动让学生有机会近距离接触乃至触摸经典文学作品的"灵魂"，为学生揣摩和感知作者的创作灵感提供了学习和探究的依据。

五是独立思考与批判创新。整本书阅读须借助混合式学习，培养学生独立思考与批判创新的意识。如在指导学生进行《红楼梦》和《四世同堂》阅读时，笔者充分利用网络资源，先选择并指导学生阅读了各类专家名人对《红楼梦》的评价文章二十余篇。当学生感觉《红楼梦》的价值地位无可撼动时，笔者又分享了陈东林的《〈红楼梦〉是一部没落贵族的哀怨史》一文。这篇质疑《红楼梦》的社会价值与文学价值的论文，引发学生极大的兴趣，也激发了他们的批判性思辨意识——学生恍然，"原来对名家名著也可以有不同声音，但一定要言之有理、言之有据，并能自圆其说"。之后再带学生读《四世同堂》时，笔者又适时引入了《夏志清对〈四世同堂〉的深刻批评》一文，引发学生对小说人物刻画模式化问题的思考探究。

综上所述，基于混合式学习的名著阅读能够有效涵养学生精神，培养学生的辩证思维能力。正如专家所述："理想状态的整本书阅读应是冲破语文教学狭小格局的深阅读、深度学习。这种学习需要精读、泛读的灵活转换，课内阅读和课外阅读的深度整合，正式学习和非正式学习的对接融通。整本书阅读需要课程化，但又要避免过度结构化，要保持教学的弹性，为学生的个性化、差异化阅读和学习留有充足空间。"[①] 随着混合式学习课程设计的理论探索和实践应用不断深化，相信混合式学习将为越来越多的学生带来优化的学习效果。

---

① 李卫东. 混合式学习：整本书阅读的策略选择 [J]. 语文建设，2016（9）.

核心素养导向下高中古诗词的学习

——以《登高》《望海潮》《扬州慢》为例

北京教育科学研究院　夏　宇

一、核心素养导向下古诗词学习的一般要求和特点

　　高中统编语文教材重视中华优秀传统文化的继承和弘扬，引导学生通过阅读古代经典作品，积累古诗文阅读经验，培养民族审美情趣，增进对中华优秀传统文化的理解，以及认同感、自豪感，增强文化自信。教材注重体裁和题材的多样性，必修和选择性必修共选入古代诗文 67 篇（首），占全部课文数（136 篇/首）的 49.3%。[①]

　　诗歌是一种以凝练的语言抒发情感的文学文类。其主要特点是：语词凝练，结构跳跃，富于节奏和韵律。[②] 既然诗歌的本质特点是以凝练的语言抒发情感，那么，古典诗歌教学的主要任务就在于使学生明了诗歌中语言的具体特点，以及这一特点与所抒之情的关系。教学是否有效的关键也在于此。核心素养导向背景下，根据课程标准要

---

① 王本华，朱于国.以立德树人为根本，以核心素养为依归，建设符合新时代需要的高中语文教材 [J].课程·教材·教法，2019（10）.

② 王荣生.阅读教学设计的要诀 [M].北京：中国轻工业出版社，2014.

求，古诗词教学须把握语言特点，有丰富的语言实践，有主动的积累、梳理和整合活动，形成学生的个体言语经验；要把握语言特点与所抒之情的关系，有审美体验、审美意识、审美情趣，掌握诗人表现美、创造美的方法。此外，还要注意提升思维品质，传承优秀传统文化。

高中古诗词教学的内容和程序，往往是教师先介绍背景，然后按部就班地整体感知，逐句理解、赏析，再留些拓展、练习的作业。其实，高明的讲授者，自身综合素养丰厚，自然可以讲出许多学生应知而未知的东西、应得却未得的体会，令学生受益。然而现实中很多老师确实没那么多时间去备课，加上古诗词教学涉及的知识基础、文化背景又比较复杂，于是，把教学参考书和古诗词鉴赏词典上的内容择要介绍一遍，就成了古诗词教学课堂上的常见现象。教学参考书和古诗词鉴赏词典上的内容当然也很有用，这样的课，也能实现基本的教学目标，但其与学生的实际学习需求有所隔阂，教学缺少启发性，学生的有效参与不足。一堂课下来，教师"情景交融""意境优美""虚实结合""托物言志"这样的词讲得太多，让学生陷入"你讲的东西我以前也学过，我想知道的东西你偏偏没讲"的困境。长此以往，古诗词的分析和鉴赏就会成为学生最难提升的能力之一。因此，核心素养导向下的古诗词教学，应该从文体特点出发，努力关注教学内容的具体化和教学方法的适切度，以提高学生学习古诗词的实效。

中国古典诗歌的突出特点是意象与意境的运用。袁行霈先生在《中国诗歌艺术研究》自序中谈到意象的特点时说："中国诗歌艺术的另一个奥妙在于意象组合的灵活性……这不仅增加了意象的密度，而且增强了多义的效果，使诗更含蓄，更有跳跃性，从而给读者留下更多想象补充进行再创造的余地。"①古诗词中的意象跳跃性强，组合灵活，这使得我们在理解鉴赏时也可以适当突破文本的固有顺序，让学生更加主动地选择词句来理解、品味、鉴赏。教师可以用课堂探讨的形式，先让学生说出自己喜欢的诗中情境及理由，再据此进行点拨。另外，古诗词文本的特点是词语精练，意象密集，组合灵活，含蓄跳跃，加之古诗教学涉及的知识基础、文化背景相对复杂，所以很难用机械翻译、字字落实的办法来讲授作品的重点和难点，教师应注意针对学生的认知盲点和误区来开展教学活动。

阅读古诗词的首要问题，是增强文言语感。顾德希老师曾说："任何作品的学习都应重视诵读，而古诗词尤其需要重视诵读。诵读与朗读不同，用多种方式落实诵读可以说是学习古诗词最好的办法。"②

在具体词句的鉴赏指导中，教师常常要求学生以诵读起步，读的不够动情的地方，还要指出问题，认真纠正。准确理解，是古诗词阅读不可缺少的环节。课堂上，每处词句的赏析，教师都应在问答的过程中落实学生对文本的理解，结合作者、背景、写作等相关知识，帮助学生做好"加工"。具体做法是先请学生就所选词句加以解释，如发现错误，立即更正，如大致可以，再往前推进。长此以往，学生通过语言材料的联系和积累，举一反三，时时梳理，就能逐渐掌握规律，形成鉴赏经验，在语言建构的基础上进行欣赏和评价，从而达到课程标准所提出的素养要求。我们知道，审美素养来自学生的审美经验，是学生个体言语活动的产物。学生语文素养的形成，从根本上说，要靠学生自己主动、积极的言语实践。关注语言，立足于语言的理解品

---

① 袁行霈. 中国诗歌艺术研究 [M]. 北京：北京大学出版社，1987.
② 顾德希. 归元返本　面向未来：语文专家顾德希教学文集 [M]. 北京：商务印书馆，2017.

味，这是古诗词学习的重要基础，也是保证古诗词学习有效性的重要方法。

叶圣陶在《略读指导举隅》前言中指出："又如诗集，若是个人的专集，按写作年月，顺次看诗人意境的扩大或转换，风格的确立或变易，是一种读法。按题材归类，看诗人对于某一题材如何立意，如何发抒，又是一种读法……"[1] 在教学中，教师不妨找一首与所教诗歌同题材的作品，来比较不同的作者在立意、语言、手法等方面的相似之处、不同之处。学生如能从中探究、归纳出对此类作品的一点规律性的认识，得出怎样读这类诗的方法，便可望实现叶圣陶先生所谓的"授之以渔"的期待，也能够落实高中课程标准提出的整合学习任务、让学生自主完成具体任务的相关理念和要求。

综上，古诗词学习的具体要求可以归纳为：有效落实学生言语实践，充分诵读，关注词句，准确理解，品味语言，触类旁通，有所建构；综合体现核心素养要求及"以语文核心素养为本，突出学生学习的主体性"[2] 的统编教材编写理念。

二、高中必修阶段的古诗词学习特点

高一必修阶段的古诗词教学，教师应确定能够促进学生深入理解的教学内容和重点，并以此形成探究活动的核心。在活动过程中，让理解性学习真实发生：知人论世，真实理解作品；借助支架，细致理解作品；联系整合，深入理解作品。在此基础上，注意渗透知识教学，

① 叶圣陶.叶圣陶语文教育论集 [M]. 北京：教育科学出版社，2015.
② 王本华，朱于国.以立德树人为根本，以核心素养为依归，建设符合新时代需要的高中语文教材 [J]. 课程·教材·教法，2019（10）.

凸显文化内涵。

《登高》虽然在教材中与《梦游天姥吟留别》《琵琶行》构成一篇课文，但因为三首诗之间关联度不高，难以实施统整式学习，故单篇学习成为教学常态。课后"学习提示"要求："《登高》写诗人登高远眺，身世之悲与忧国之情齐集心头。这首诗每联对仗，句法谨严，历来为人称赞。学习时注意感受诗歌营造的沉郁悲凉的意境，体会作者圆熟的律诗创作技巧。宋代罗大经曾说'万里悲秋常作客，百年多病独登台'一联含有八层意思（《鹤林玉露》），试就此联作一番品析。"

《登高》是杜甫最优秀的作品之一，内涵丰富多层，氛围苍茫悲凉，音律圆熟。然而不幸的是，像杜甫这样个性鲜明、成就巨大的文学巨匠，往往也是语文课堂上最容易被简单贴上"沉郁顿挫""忧国忧民"等标签的作者。所谓"贴标签"，就是读者未经过必要的理解、分析和品味，用现成的抽象概念，模式化地说出作品的意义和特点。因此，从某种意义上说，古诗词学习的课堂上，让学生说一说"你哪句还不太明白"，可能要比"你最喜欢哪句"更有针对性。教师可以围绕"体会诗歌的八层悲意""体会悲意之中的格调雄浑"这两个环环相扣的关键任务，确定促进学生深入理解的教学内容和重点，并以此形成探究活动的核心。

1. 有效理解

作为一首经典诗歌，学生很容易从各种渠道得到有关《登高》的评论性文章，从而提前知道一些结论性的评价。不过这有时反而让学生多了抽象认识，少了情感认同。而诗歌作为一种以凝练的语言抒发情感的文学文类，读诗的过程，恰恰特别需要情感上的理解和体会。学生最需要的，是联系杜甫生命最后十年的完整遭遇，用知人论世的方法，真实理解诗作中丰富的情感。学生在这一理解和概括的过程中，进入"杜甫暮年"情境，切己体察，产生生命体验。这样，学生眼中的杜甫，才不再是"高大上"的文学神像，而是与自己一样有呼吸有温度的生命个体。试想，一个内心世界极为丰富的老人，漂泊西南，老病多艰，归家无期，生命之花加速枯萎而又无能为力，这时会有怎样的所思所想？在感同身受的同时，这样一种强烈的体验感会促使学生真实参与到理解活动中来。

当对本诗"家国天下"的理解是建立在对"落木""不尽""无边"等关键词语的理解、阐释和洞察的基础之上时，学生才能避免架空分析和虚假理解的问题，用自己的言语实践活动证实学习活动的有效落实。

在此基础上，通过语文活动，广泛联系相关作品来学习新知识很有必要。如教师可以联系作者其他诗歌作品如《奉赠韦左丞丈》《送郑十八虔》《秦州杂诗》《恨别》《登楼》，让学生理解杜甫诗歌中空间类和时间类词语对举使用的特点；联系其他作家作品如沈约《临高台》、何逊《拟古三首联句》、陈子昂《登幽州台歌》，以及顾随、周汝昌的评论等，让学生理解中国古典诗词"登高而悲"的内容特点及创作规律。学生在较为丰富的言语实践活动中不断积累，并不断地组织、优化自己的言语经验结构，存储的言语经验最终形成一个相互关联的有机整体。

2. 文化内涵

《普通高中语文课程标准（2017 年版 2020 年修订）》指出，"语文课程应引导学生在真实的语言运用情境中，通过自主的语言实践活动，积累言语经验，把握祖国语言文字的特点和运用规律，加深对祖国语言文字的理解与热爱，培养运用祖国语言文字的能力；同时，发展思辨能力，提升思维品质，培育社会主义核心价值观，培养高尚的审美情趣，积累丰厚的文化底蕴，理解文化多样性。"其中，"丰厚的文化底蕴"同样是通过自主的语言实践活动，通过积累言语经验得来的。"言语经验"的获得过程，不仅是交际工具的掌握过程，也是文化的获得过程。

《登高》的教学，教师可参照教材要求，以关键知识"登高中的悲"为探究任务，引导学生展开创造性学习，并及时归纳出"登高"这一行为在中国古典文学中具有的特殊历史文化内涵，使学生获得相关的文化积累。这一环节能够触发学生自己登高观景所得到的人生体验，激发其阅读兴趣，同时回扣本课的核心问题，即《登高》为什么会具有独特的雄浑格调。这样的设计，立足于文本理解，巧妙地凝练了教学目标，使得整堂课显得前后照应、环环相扣、重点突出。

学生也许会对课文内容有疑问，如：为什么登高就会生悲？一般来说，从生活经验出发，"登高"与"悲"之间并无必然联系，并且同样是登高，壮游时期的杜甫，《望岳》写得志气豪迈，并无悲意，难道是年龄和阅历导致的吗？学问之道贵在有疑，文学作品中是否"登高"就会"悲"呢？这是个很有探究价值的问题。

登高言志是儒家的文化传统，孔子登东山而小鲁，登泰山而小天下。登高诗或可展示政治抱负，如杜甫《望岳》、曹操《观沧海》、王安石《登飞来峰》；或可排解怀才不遇、壮志难酬的身世之悲，如杜甫《登高》《登岳阳楼》《登楼》，李商隐《登乐游原》，陈子昂《登幽州台歌》。当然，生活中重阳登高，简单抒发乡思离愁之作也有不少。归结到登高文化，还可联系"登高能赋"的文化传统。

就《登高》而言，诗人此时登高恰逢重阳，目之所见俱为秋景，故融入了悲秋之情；心之所思俱为悲情，当然会在登临高处时生发无尽的愁情。不过，本诗中的登高之悲自有特点，诗人把自己的个人命运、个人悲哀与远在视线之外的战事动荡、国家命运联系在一起，并把它放在开阔、宏大、高远的时空中展示，把悲哀写得深厚而博大，具有了一种崇高感和悲壮美。

此外，律诗的教学还应该多注意古汉语方面的内容，在精准而高效地理解诗歌的同时，落实一些"看得见摸得着的语文知识"（顾德希语）。入门的格律、平仄知识，与诵读、背诵、默写密切相关的律诗章法等，都可作为教学内容。教师可以随文教授这些知识，并指导学生加以梳理总结。再如，诵读可以说是学习古诗词最好的办法。读好这首诗，需要程序性知识的传授和实践。以"艰难苦恨繁霜鬓，潦倒新停浊酒杯"一句为例，韩军老师曾在课例中这样教学生读：

"艰难"要读得稍慢、稍低，"苦恨"要快、要高、要特别重，从牙缝间吐出这两个字，"繁霜鬓"又要稍缓，但声音不能低。当读"新停浊酒杯"时，要把欲罢不能的情绪表达出来。[①]

总之，联系相关知识，在充分的言语实践活动中，细致地理解、品味、推敲语言，可以更好地培养学生的鉴赏分析能力，加深其对祖国语言文字的理解与热爱之情。

三、高中选择性必修阶段的古诗词学习

高二阶段的古诗词学习，除了上述特点和要求，还需要学生总结语言的、审美的相关规律，明了这类文本所特有的学习障碍，如表达极为含蓄，受格律等要求的限制会出现大量省略和变形，等等，继续以"读懂""积累""联系"为关键任务，落实核心素养的相关要求。

选择性必修下册教材把《望海潮》《扬州慢》这样两首在题材、体裁、创作时代等方面有一定共同点和相似性的词编排为一课，有利于

[①] 韩军.《登高》课堂实录 [J]. 中学语文教学，2001（7）.

使学生形成对"这一类"文学作品的规律性认识。本课"学习提示"部分，总体指出了两首词内容上的异同，点明二者在创作方面的共同点，提供了对比阅读的主要学习内容。"学习提示"对《望海潮》的主要内容、具体写法及效果（铺叙，以点带面，虚实相间，渲染烘托，畅达流利的气势）作了详细介绍；对《扬州慢》，则是在内容上作了相对简要的提示，写法上只点出了三个词——对比、描摹、想象。"学习提示"这样写，既对教学内容作出必要的说明，又能形成梯度，体现"群文教学也应当有精读、略读之分"（温儒敏语）的编写思路。但是，如果想引导学生从精读层面作自主性的对比阅读，教师还需要对《扬州慢》的教学点进行更细致的研究和发掘。

教师可在此基础上设计更具综合性的学科实践活动，以真实的、富有意义的语文实践活动情境为基础设计具体任务。比如，从具体词句"盈"与"空"的角度，指导学生对两首词作提炼比较。学生借助这两个词可以更好地理解词句的意义，感受其中的哀乐悲欢，更能从"诗眼"的角度探寻传统文化经典的诗意之美。再如，可以在"学习提示"的基础上对《扬州慢》作必要的补充："一面描摹眼前'空城'景象，是明写和实写；一面想象杜牧重游故地的震惊，暗写和虚写繁华之景。一明一暗，一实一虚，形成对比，增强了词作的艺术感染力。"由此，诗词鉴赏方面的学习目标更加具体、清晰，学生能够通过比较阅读，从抒写内容、表达手法、情感主题等方面作更加完整的赏析比较，更好地掌握古诗词的赏析方法。这样组织教学，有利于学生在真实的语言运用情境中，自主开展语言实践活动，把对比阅读落到实处。

学生如有余力，教师还可以加大对比阅读的力度，从解决疑难问题、更好理解学习内容的角度出发，引导学生更细致地阅读讨论杜牧写扬州的四首诗；也可以从"杜牧和姜夔的两种扬州记忆叠加在一起"的角度，研究一下古诗词中用典的修辞效果。

　　统编高中语文教材与以往的教材相比，除了照应课标、更新理念外，教学内容确实比较多。就古诗词而言，需要背诵的内容也大大增加了。这就需要教师深入研究教材，根据文本的特点，对教学目标、教学内容作出恰当的安排，变革学习方式，解决教学困难，最终落实高中新课标的要求。

借圈点评注读书法提升阅读教学质量

北京市延庆区教育科学研究中心　桂彩丽

阅读是通过视觉系统接收书面语言传递的信息，理解书面语言的意义、内容、思想感情的一种复杂的心理过程。阅读教学的基本任务是培养学生的阅读能力。圈点评注式阅读就是教师在阅读教学中指导学生结合自身的生活经验阅读教材，深入教材内部，与教材对话并产生超越字面意义的理解，利用圈点、勾画、眉批、旁批、夹批等多种评注形式把对文章的独特感受表达出来。从接受美学角度看来，就是读者充分调动主观能动性，发挥想象力，综合运用各种思维能力，对文本符号进行解码、解译。学生在独立的阅读探究中自觉积累、自由感悟、自主学习，发展健康的阅读个性，逐渐形成健全人格，建构丰富的情感世界和人格世界。本文从语文阅读教学的现状出发，探讨圈点评注式阅读的内涵及其在阅读教学中的具体运用。

一、问题的提出

1. 对语文阅读教学的整体思考

长期以来，我们的阅读教学停留在对静态的阅读客体（文章）的分析层面上，着眼于内容分析、关系分析、结构分析、写作特点分析，以及段落大意、内容要点、中心思想和作者观点的归纳等，具体包括"理解词语在文中的含义""理解文中重要的句子""辨别和筛选文中重要的信息""分析归纳文章的内容要点和中心思想""分析文章的结构""分析概括作者在文中的观点态度"等。即使是所谓的"阅读鉴赏"，也无非局限于"评价文章的思想内容和表达技巧""主要运用了哪些写作原则、规律和方法来表现内容""主要运用了哪些修辞手法"等。诚然，这种形式的阅读教学的优点显而易见，尤其是在义务教育阶段，它有利于学生语文基础知识的巩固。学生能通过每一次的阅读训练，来夯实自己的基础。但对于高中生来说，通过这样的阅读教学，学生能一个一个地解决阅读材料中的各项问题，却不能从整体上把握材料内容，做到举一反三，触类旁通。于是，阅读课上，活生生的艺术形象不见了，丰富真切的个人感受消失了。零碎的基础知识对于学生语文能力的提高没有多大的作用，更无法应付越来越注重鉴赏评价和探究能力考查的高考。可见这种阅读教学方法存在很大的局限性。

2. 新课程实施中语文阅读教学存在的问题

第一，虽然语文课程标准十分强调"自主、合作、探究"的学习方式，但因为这种学习方式很容易导致课堂教学进度慢，所以教师有时不得不以自己设计问题来代替学生提出问题，从而让学生直奔教学的重难点而去，既解决了主要问题，又节省了许多时间。然而这样的方法与课程标准的要求是相悖的，长期如此，还会使学生养成一种惰性和依赖性，无法形成主动探究的学习精神。

第二，课堂上让学生讨论问题容易，而让学生静心阅读、潜心感知教材较难。现在的阅读课上，学生热烈讨论的场面比较常见。讨论活跃了课堂气氛，激活了学生的思维，锻炼了学生的口头表达能力，同时还培养了学生质疑问难和合作探究的学习习惯。然而，这又常常出现学生静心阅读，潜心感知教材，即语文课程标准中所说的"直接接触语文材料"的时间不充分，只是蜻蜓点水的问题。长期如此，一方面，学生静思默想的习惯和实际阅读能力得不到很好的培养和提升；另一方面，学生容易养成虚华浮躁、夸夸其谈的不良习惯。

第三，新课程空间自由度大与教师备课时间不足的矛盾。新课标赋予了教师在教学上更多的自由支配权，但课堂教学开放度的提高，势必要求教师拥有更宽的知识面，以应对学生提出的各种问题；也要求教师在保持自己以往好的教学方式的基础上，及时转变观念，实施新的教学方式。面对如此之快的知识加能力的转型，如此之高的方法加技术的要求，教师势必要在备课上投入更多的时间，更多的精力。目前，大多中学语文老师每周的课务量有 10 节左右，每天至少一个新教案，任两个教学班，作业尤其作文批改占去了大量的时间，在这样繁重的工作状态下，教师完成正常教学任务尚且感到吃力，很难有时间深入阅读，充分备课。

二、圈点评注的内涵

叶圣陶先生曾经说，什么是圈点？就是读书时，用一套自己规定的符号，在书页上画出文章中的重要词句，标出文章的层次段落，点出疑难之处，等等。圈点的过程是读、思、记的组合过程，可促进理解，增强记忆，便于复习，便于检查、摘录。

评注，即批语注释，是指对一些生词难字加以注释，在段落层次前写大意，对文章的思想内容和表达手法作简评，等等。评注是对文章的品评、鉴赏，是多角度、高层次的阅读活动，也是读者的消化、吸收、转化和运用的过程。

圈点批注要注意以下三个问题：

第一，在理解文章的基础上进行。读过某一个章节，先要经过思考，找出重点难点，决定哪些地方应该圈点，哪些地方应该勾画，哪些地方要加注，哪些地方要加批，然后再动笔。如果在似懂非懂的情况下，就乱画一气，胡批一通，反而会影响对文章的深入理解。

第二，圈点使用的符号应该是固定的，不要随意改换，符号的种类也不宜过多。这样才能保证一打开圈点过的书就能看明白。还要注意圈点和勾画的地方不可过多，否则通篇都加了五花八门的记号，反而看不出哪里是重点了。

第三，批注应该做到既言之有物又简明扼要。批语要有分析，不管是褒是贬，都应该说出点根据来。随便加上一些"好""绝妙"或"废话""胡说"之类的话是没有意义的。批语不应过长，啰里啰唆地说不到点子上也不好。

三、圈点评注式阅读的方法及教学示例

一般来说，圈点评注式阅读有以下三个步骤：

一是"基本解读"。圈点的重点是需要注音、注释的生字生词、自然段的序号、文章的中心句或重点语句。此次圈点主要是为了读通文章，粗知作者思路，初识文章的框架，整体感知文章的大概内容，为以后的深入阅读确定方向。阅读时多采用速读的方式。

二是"鉴赏分析"。评注的重点是解决初读时圈点的问题。圈点的应是文章的重点、难点和疑点，重要的、精彩的、有欣赏价值的佳句以及感受最深的句子，结构段的序号，修辞、表达方式、说明方法、论据类型等。此次圈点评注的根本目的是读懂文章，养成边读书边动

脑的良好习惯。阅读时多采用精读的方式。

三是"拓展探究"。此次圈点评注主要解决再读过程中圈点的问题，作批注、写感悟。阅读时多采用品读的形式。文章中有的语句之所以让人感到美妙，是因为表达的意思深刻、精辟，给人以深刻的启迪和警策。例如，鲁迅的小说《故乡》的结尾一段话具有丰富的内涵和深刻的哲理，如果读完之后不去深思、品味，那么这篇小说还有何价值呢？这时可以引导学生把自己的感悟写在旁边。学生有的写"路在脚下延伸"，有的写"有希望和奋斗，生活就是充实的、丰满的"。这样的圈点评注让学生真正走进作品，有自己的创见，达到既"忘我"又"有我"的境界，对于提高其鉴赏能力、批判能力、创造能力是很有帮助的。

再比如鲁迅的《伤逝——涓生的手记》：

送她出门，照例是相离十多步远；照例是那鲇鱼须的老东西的脸又紧帖在脏的窗玻璃上了，连鼻尖都挤成一个小平面；到外院，照例又是明晃晃的玻璃窗里的那小东西的脸，加厚的雪花膏。她目不斜视地骄傲地走了，没有看见；我骄傲地回来。

学生评注：涓生与子君的爱情是超越传统礼教的，是对新的人生道路的一次开辟。可是，在当时，这种爱情是坏纲乱常的，是为人所不齿的。于是"十多步"的距离对他们而言是那么艰难，于是"鲇鱼须的老东西"贴着窗户无耻地偷窥着他们，但这都阻止不了涓生与子君继续前行……"照例"这个词很关键，对于那些唏嘘与冷眼，他们并不畏惧，那份纯洁的爱情和坚定的信念使他们可以摒弃世俗的眼光，可以"目不邪视地骄傲地"向前走。

老师再评：对这个瞬间的描写，先生的笔锋很犀利，学生评得也很到位。"连鼻尖都挤成一个小平面"，这该是怎样的好奇心，才会使一个上了年纪的人有这样的"雅兴"，从"小东西的脸，加厚的雪花膏"来看，这个年轻人该不是一个保守落后的人，但是他也有着这样浓厚的兴致来欣赏这对有情人。可见当时社会环境，从老到小，人们把自由恋爱视为异端。正是这样的社会环境，把一对有情人逼上了末路，小东西使涓生失业了，这是使他们分手的一个重要的物质因素，并非偶然。

去年的暮春是最为幸福，也是最为忙碌的时光。我的心平静下去了，但又有别一部分和身体一同忙碌起来。我们这时才在路上同行，也到过几回公园，最多的是寻住所。我觉得在路上时时遇到探索，讥笑，猥亵和轻蔑的眼光，一不小心，便使我的全身有些瑟缩，只得即刻提起我的骄傲和反抗来支持。她却是大无畏的，对于这些全不关心，只是镇静地缓缓前行，坦然如入无人之境。

学生点评："忙碌的时光"，面对接踵而至的生活压迫，二人对待爱情的态度也有了细微的转变。走在路上，照例是世俗的"探索，讥笑，猥亵和轻蔑的眼光"，"我"却有一些动摇了，不再是以前骄傲、自如地走过，而是"全身有些瑟缩"。这里"我"的改变，也为下文二人的爱情悲剧埋下伏笔。而此时的子君，并未改变，仍然是那样执着。试想一下，连"我"这样的大男人尚且表现如此，她一个文弱的姑娘竟可以"大无畏"地、"全不关心"地、"镇静"地向前走，这样的"坦然"表现出了子君追求爱情的勇气。

老师再评："探索，讥笑，猥亵和轻蔑的眼光"，鲁迅先生用犀利深刻的笔锋，概括了那些不同的眼光：探索可以是中性的，是询问的语气；而讥笑，就已经有了异样神态；到猥亵、轻蔑，就能看出那些人无耻的嘴脸，肮脏的心灵。可见这一对有情人将会面对怎样的压力。

但我的心却又觉得沉重。我为什么偏不忍耐几天，要这样急急地告诉她真话的呢？现在她知道，她以后所有的只是她父亲——儿女的债主——的烈日一般的严威和旁人的赛过冰霜的冷眼。此外便是虚空。

负着虚空的重担，在严威和冷眼中走着所谓人生的路，这是怎么可怕的事呵！而况这路的尽头，又不过是——连墓碑也没有的坟墓。

有学生点评："烈日一般的严威和旁人的赛过冰霜的冷眼"已经让现在的"我"越来越卑怯，而子君此时也似"虚空的重担"，压在"我"的肩头，压得"我"更加自私，更加虚伪。与子君原本幸福甜蜜的爱情，在这漫漫的人生路上，不知不觉地膨胀、变质，最后走到"路的尽头"。所以最后的结局，子君与她的爱情走向了坟墓，"连墓碑也没有"，愈显空虚。作者通过这些冰冷的字眼，表现了当时吃人社会的残酷，同时启示人们：想要获得真正的自由，就一定得推翻这个吃人的社会，个体是多么的渺小，渺小的是子君，也是涓生。否则就会哀伤地逝去，不仅是躯体，更是灵魂！好在在涓生的彷徨中也见到了他灵魂的又一次复苏。

老师再评：人很难脱离社会而存在，涓生的屈服，子君的回归都是那个社会挤压的结果。更为悲凉的是"况这路的尽头，又不过是——连墓碑也没有的坟墓"，不会有人记住他们，记住他们对自由、对幸福的追求。在空虚和死寂中一切将归于平静，再也不会有人反抗。

品味语言，体会风景中的情味

——例说单元整体设计下的散文"情景关系"教学

北京市八一学校　王建稳

现代写景散文的重要特征之一是"贵在有我"。统编高中语文教材必修上第七单元的《故都的秋》《荷塘月色》《我与地坛》三篇课文都是经典的写景抒情散文，每一篇都注入了作者独特的情感，表达了不同的人生思考和感悟，展现了独特的精神世界。如何引导学生进行深度阅读，通过品味语言、透过景物描写体会每一道风景背后"我"的情感和审美，既是写景散文教学的重点，也是难点。笔者在单元整体设计的大背景下，进行了一次"情景关系"微专题教学尝试，将《故都的秋》《荷塘月色》《我与地坛》三篇课文放在一起，通过群文阅读、对比阅读，引导学生更深一层地体会不同作者笔下的景中情、画中味、文中意，感悟每一个独特生命个体的审美差异。

一、抓住核心问题，明确"情景关系"在单元整体设计中的目标定位

必修上第七单元属于"文学阅读与写作"任务群，共有五篇散文：

《故都的秋》《荷塘月色》《我与地坛》《赤壁赋》《登泰山记》。依据课程标准对"文学阅读与写作"任务群的要求、该单元散文情景交融的内容特点，以及学生的散文阅读基础，确定单元教学目标如下：

（1）鉴赏美景，感悟作者渗透在景物中的情味、哲理和人生思考。

（2）厘清文章思路，体会作者情感，丰富自己的情感和审美体验。

（3）反复诵读经典文段，品味语言，感受文章的语言之美、文辞之妙。

（4）学习情景交融的手法，选取自己喜欢的景物，创作写景抒情散文。

整体设计思路是在任务群学习背景下，以读写结合的大任务为统领，进行整合化贯通式单元教学。整个设计以三个子任务分解实施，共用 10 个课时完成。大任务是：配合散文单元的学习，语文组将开展以"走进自然，感悟生活"为主题的读书征文活动。为完成好这一任务，需进行如下阅读驱动：

子任务一：感受五篇散文的写景之美——寻找一幅最美的风景（3课时）

子任务二：品味五篇散文的情味之真——赏析写景文字的情与理（5课时）

子任务三：借鉴情景交融的手法之妙——写一篇情景交融的散文（2课时）

"情景关系"小专题为本单元的第 4 课时，是子任务二"赏析写景文字的情与理"的第一课。之前的 3 课时已经完成子任务一，学生对单元课文的内容及情感有了基本把握。之后的第 5 课时有相应的任务跟进，学生会结合相关资料，从知人论世的角度探讨作家为何表现出不同情感和审美。本课时的核心任务是通过品味语言，分析情景关系，在互文阅读中体会《故都的秋》《荷塘月色》《我与地坛》表现出的作者独特的审美和不同的情感，解决学生在子任务一中提出的三个问题：

（1）《我与地坛》第一部分的三段景物描写投射的情感是否有变化？史铁生为何在与地坛的守望相处中，能从生死挣扎中摆脱出来？

（2）《故都的秋》中，郁达夫着力写故都秋景的"清、静、悲凉"，他要表达的情感是怨是颂，是悲伤还是愉悦？

（3）《荷塘月色》中的景物描写很美很有诗意，后面写灌木参差斑驳的黑影却是"峭楞楞如鬼一般"，似乎与前面意境不一致。作者要表达怎样的情绪？

不难看出，上面三个问题都指向对情景关系的理解。学生的阅读困惑正是本次教学的重点和难点。在以往教学中，我们多是通过单篇的文本细读体会文字后面作者的情感，教师分别指导学生完成三个问题的讨论即可。但在大单元教学背景下，同为文质兼美的文字，如果彼此之间能够进行互文性的对比阅读，则会更好地彰显不同作者的审美个性和创作风格，更准确清晰地呈现不同风景后面站立的每一个独特的"我"。要实现这一深度阅读的目标，教师需要聚焦"如何通过景物描写透视景物背后作者所蕴藏的情感和审美"这一核心问题，再依据核心问题来设计情境化的学习任务，激活学生的思维，通过或熟悉或陌生的情境激发学生深度阅读的兴趣。这里我们着重赏析《故都的秋》《我与地坛》两篇课文，《荷塘月色》作为自读篇目留给学生课下赏析。

二、品读写景文字，以"物我关系"为切入点，走进作者内心

基于学生的阅读困惑，笔者设计了两个以问题为导向的学习活动。

一是细读《我与地坛》中的三处写景文字，理解史铁生在"物""我"互动的景物描写中所投射的主观情感和表达的生命哲理，学习并归纳情景关系的鉴赏方法。二是迁移鉴赏方法到《故都的秋》，通过品味语言、理解景物特点以及作者在景物描写中投射的情感，理解郁达夫独特的审美旨趣。

活动一：品读《我与地坛》的写景文字，体会史铁生笔下的景中悟。

问题:《我与地坛》第一部分的三段景物描写分别写了哪些景物? 各表现了史铁生怎样的心境?

在教师引导下，学生通过品读文本很快能够找到"物"与"我"之间的关联。

第一处景物描写（第3段），写衰败沧桑的地坛。"物"是经历四百多年风雨侵蚀的人工建筑，原本精致耀眼的"琉璃""门壁""高墙""玉砌雕栏"已褪去当年的显赫辉煌，成为一个沧桑、荒芜、衰败、被人们遗弃的古园。而"我"正值憧憬青春爱情和未来的美好年龄，"忽然双腿残废"，成了一个被生活遗弃的人。"物""我"叠合，投射出作者突遭命运打击后的痛苦、失魂落魄。

第二处景物描写（第5段），写荒芜但并不衰败的地坛。"物"是蜂儿、蚂蚁、瓢虫、露水等纤弱微小的自然生命。它们和"我"一样的是不明白为何出生，与"我"不同的是这些小生灵活泼自在，充满生命力。在作者饶有兴致的观察和描写中，我们能够感受到富有生机的"物"给一心欲死的"我"以生命的感染和启示。

第三处景物描写（第7段），写古园的四季景色。石门祭坛的落日、寂寥中高歌的雨燕、雪地严寒中的希望、悲喜不惊的古柏、骤雨后勃发的草木、经霜后坦然安卧的落叶……在面对衰亡、寂寞、挫折等困境时，这不同时间、不同形态的"物"都表现出一种顽强、淡定的态度，表现出一种努力活着的状态。由此折射出与地坛守望十五年后，"我"已拥有面对现实、接受命运的平和心态。

三处景物描写映射出史铁生从"残疾"到"欲死"再到"要活"的三个心理阶段，是史铁生从痛苦绝望走向平和坦然、摆脱生死挣扎的心路历程，景物状态与作者的心境是完全契合的，有着某种隐喻性。在物我互动、物我融合中，史铁生表达出了对生命的感悟，对世界的理解。

从上面的分析中不难得出鉴赏情景描写的方法，品读语言是抓手，重点关注三个要素：写作客体——景的取舍、物的特征；写作主体——"我"的情态、"我"的审美；主客体关系——"我"与"物"的互动。或观察体验，或品赏玩味，或物我合一，或感悟哲理。

活动二：品读《故都的秋》的写景段落，体会郁达夫笔下的景中味。

问题：郁达夫着力写故都秋景的"清、静、悲凉"，他是"悲秋"还是"赞秋"？结合景物描写段落说说理由。

每一片风景后面都站着一个独特的生命个体。在故都秋景后面，站着一个怎样的郁达夫？学生运用上面学到的鉴赏方法，很容易抓住郁达夫笔下"物"的特点。全文五幅画面都是紧扣故都秋的清、静、悲凉来写的，例如从景物色彩看，作者选景多以冷色调为主，天是"很高很高的碧绿的"，牵牛花是"蓝朵"，意在凸显北平秋的"清"。从景物状态看，大多是旧败、普通、萧瑟的，透露出易逝、衰残的信息。学生理解的难点是景物描写中"我"的情感。这需要教师适时点拨，引导他们关注表现作者情态意趣的词语，比如"泡一杯浓茶""向院子一坐"透露着闲适恬淡；"驯鸽的飞声"衬托出环境的静谧，也写出了作者内心的平静淡然；"从槐树叶底，朝东细数着一丝一丝漏下来的日光"，写作者饶有兴致地体味把玩；"秋蝉的啼唱"自然也极寓欣赏之意；"都市闲人咬着烟管""立"于桥头树下的对话，写出了作者对这种悠闲、随意的生活方式的赞赏。秋天清、静、悲凉的特点正与郁达夫清雅、闲雅的心理与审美情趣相契合，这正是郁达夫独特的审美意趣之所在。至于郁达夫为何会"以悲为美"，除了受中国传统文化"悲秋"及日本"物哀美"美学理念影响之外，更多的是郁达夫本人的性格、经历所致，这些内容会在第 5 课时的教学中跟进。

三、设计情境任务，建立互文关联，以读写融通促深层理解

体会了单篇文章的"物我关系"之后，我们可以通过互文关联，读写融通，进一步引导学生深入理解作家的审美特质。情境任务如下：

假如郁达夫走进地坛，他会选取史铁生笔下的哪些景物来表现北平秋天的清、静、悲凉？请仿照"庭院赏秋"一段文字描写一个画面。150 字左右。

这个"穿越时空"的看似"无厘头"的情境任务，其实有着某种内在的逻辑。一方面，让郁达夫走进地坛有着某种历史的合理性。因为有着四百年历史的地坛在郁达夫时代就已走过鼎盛、辉煌和繁华，呈现出沧桑和衰败感，而史铁生笔下的地坛景物也确有一些呈现衰败、破旧、悲凉之态，景物状态与《故都的秋》是有交集的。另一方面，该情境任务要求学生在单篇细读基础上进行深入阅读，具有"一箭双雕"的功效，需要学生既了解史铁生笔下的景物及特点，又明白郁达夫笔下景物的特点及其个性审美。哪一篇理解不到位，仿写时都会出现"串味"和"走形"的问题。

需要说明的是，仿写不是目的，而是检验和促进文本阅读理解的一个手段。借助想象进行"穿越式"的互文阅读，意在让学生在深层对比中，体会作者鲜明的创作个性和审美旨趣。从下面三个片段即可

看出学生文本理解的深浅。

【片段一】落叶纷纷，秋风微凉。红色的树叶随风在山头摇摆。红色，黄色，绿色，交织，涂在山头，涂在地坛里，霞光披红挂橙地渲染着地坛里的一方天地。自行车铃声清脆悦耳地回响在幽静的古院中。朴素的青砖地面，灰色瓦檐上的蒿草，一扇扇厚重的大门悬挂着铜铃，耳边传来的周围冰糖葫芦的吆喝声，自然而然地让人感受到十分的秋意。

从上面的文字不难发现，该同学并没有很好地理解《故都的秋》所表现的景物特点和审美旨趣。虽然文从字顺，但与郁达夫笔下秋天的清、静、悲凉相去甚远。文段色彩明亮而繁多，且不是清冷的色调。"清脆悦耳的自行车铃声""冰糖葫芦的吆喝声"更多表现市井生活"闹"的一面，缺少郁达夫笔下文人的雅趣。

【片段二】北平的秋意在地坛也能毫无保留地显现出来，即便你往长椅上一坐，不经意地朝四处望望，你也能看到苍柏的枯枝在风中战栗，听到鸟雀儿时断时续的哀吟。再朝远了看看，或许还能看见一面剥蚀了的琉璃，嵌在朱红早已淡褪的门壁上，旁边是几块零星的玉砌雕栏。落日余晖洒下来，斑驳了红色的高墙，又一阵秋风吹过，落叶顺着一束束日光飘落下来。

这段文字在景物选取上显然更接近"故都的秋"的特点。文段除描写"苍柏的枯枝""鸟雀儿时断时续的哀吟""秋风""落日"等萧瑟衰残的自然风物之外，还选取了地坛中"剥蚀了的琉璃""朱红淡褪的门壁""零星的玉砌雕栏"等陈旧和破败的人工建筑，画面中透着悲凉气息。虽然"清""静"体现得还不够充分，但该同学基本能体会和把握《故都的秋》的景物特点及作者的审美情趣。

【片段三】在地坛一坐是可以坐一天的。在树林中，看到很高很高的碧绿的天色，静对着古殿檐头黯淡的琉璃，门壁上斑驳的朱红，坍圮的高墙和已经散落的玉砌雕栏。在古柏下，看露水消逝在草叶上，细数树缝中一丝一丝的日光慢慢消退，听到青天下雨燕的飞声，就觉得十分的秋意了。

这一段文字，不仅在景物选取的"形体"上具备了《故都的秋》清、静、悲凉的特征，在写景调式上也有几分郁达夫式的闲雅。"在地坛一坐是可以坐一天的"不仅是心情的闲散，更有对地坛秋色的着迷。"静对着""细数""听到青天下雨燕的飞声"，这些动作情态词语的自然嵌入，使得整体画面在意蕴上具备了某种郁达夫式的审美情味。可以看出，这位同学比较好地把握了作者深层的审美旨趣。

显然，这一读写融通式的任务设计，检验并促进了学生对文本的深入阅读。

四、归纳比较，同中比异，深层理解景物描写背后作者的情感审美

钱锺书先生说，风景即心境。每一处风景都有作者浓厚的感情色彩，每一处风景背后的每一个"我"都是独特的生命和审美存在。《故都的秋》《我与地坛》中的景物描写，体现了不同的审美个性和生命个体特征。两位作者即使写同一自然风物，也会表现出截然不同的心理感受和审美体验。

比如，在两篇文章中，同写人文建筑、衰败之景，史铁生面对衰败坍圮的"琉璃、门壁、高墙、玉砌雕栏"，以物映人，表现自己内心深重的痛苦绝望，郁达夫面对破屋、破壁腰的悲凉却是满心的玩味和欣赏。同是写日，史铁生感悟祭坛落日寂静的光辉平铺时照亮每一道坎坷后的灿烂，而郁达夫则醉心于细数朝阳从叶底漏下的闲散。同是写雨，史铁生感悟的是暴雨骤至后泥土的气息、草木的生机，而郁达

夫欣赏的是一层秋雨一层凉，都市闲人"咬"着烟管"立"于桥头的悠闲。同写自然生灵，史铁生笔下纤弱微小的生命自在、充满生机，郁达夫写寒蝉的残鸣，写衰亡生命的啼唱……史铁生笔下荒芜但并不衰败的地坛，充满了生生不息的生命景观，景物描写凝结着史铁生深刻的生命感悟与哲思。郁达夫的《故都的秋》表现出独特的审美情感，不仅仅是对秋天的玩味，也是对秋天的悲凉之美的文人体验。在互文关联和对比中，学生不仅学到情景关系的鉴赏方法，对不同风景背后的生命个体也有了更深入的理解。

最后，有两点教学感受需要说明：

一是对情景关系作用的理解。有学生认为，散文中很多抒情议论的段落自然会交代作者的感情，要把握作者情感，只需关注文中的中心句段即可。但要知道，读懂文章不等于读懂作者，能够厘清行文思路，把握文章主旨，不等于能够走进作者内心，更不等于能够体会文章的微妙和美妙。如果阅读散文仅止步于对作品基本内容的理解，而不能进入深层鉴赏，一方面不能很好地感受散文的审美价值，导致在审美情味和审美体验上的不足或缺失；另一方面，可以说根本没有掌握文学阅读的基本方法。独特的生命个体和审美旨趣一定是要通过品读语言来实现的，情景关系的鉴赏不仅是学习写景散文必备的知识能力，也是学习诗歌的一个必要的热身。

二是对群文阅读的整合和实施。文学类作品要完成情境式大任务，要整合内容进行群文阅读或对比阅读，前提是对单篇文本有充分的阅读。如果没有对单篇文本的独立阅读与充分思考，比较阅读的效果就会大打折扣。因此，在具体教学过程中我们要整合，但也不能放弃对单篇文本的阅读理解。互文性的联读或比读只是实现散文深层阅读的一种手段。

"汉字汉语专题研讨"的教学实施

——以《鸿门宴》中"飨"及其相关字的研究为例

人民教育出版社　程少峰

　　《普通高中语文课程标准（2017年版2020年修订）》（以下简称"高中新课标"）创造性地提出了语文学科核心素养的理念。其中，"语言建构与运用"要求"学生在丰富的语言实践中，通过主动的积累、梳理和整合，逐步掌握祖国语言文字特点及其运用规律"，并在选修课程中安排了"汉字汉语专题研讨"任务群。该任务群"是在必修和选择性必修'语言积累、梳理与探究'的基础上，就汉字或汉语的某一问题，加以归纳、梳理，训练学生从应用中观察语言文字现象的能力和总结规律的综合、分析能力"，"学生以撰写读书报告、语言专题调查报告、小论文等形式呈现学习成果，并在专题讨论会上发表自己的成果"。那么，"汉字汉语专题研讨"如何在教学活动中落地呢？下面我们以《鸿门宴》中的"飨"及其相关字的研究为例予以探讨。

一、问题的缘起

　　统编高中语文教材必修下《鸿门宴》一文中有"旦日飨士卒，为击破沛公军"一句，其中"飨"字对学生来说比较陌生。课文下注释：
"飨，用酒食款待宾客。这里是'犒劳'的意思。""飨"为什么有"用
酒食款待宾客""犒劳"的意思呢？学生可能会利用手头常用的工具书
进行查阅。《新华字典》（第 12 版）"飨"字头下列出繁体字形"饗"，
解释为"用酒食款待，泛指请人享受"，给出的例句是"以飨读者（用
来满足读者的需要）"。《现代汉语词典》（第 7 版）释义为"用酒食款
待人，泛指请人享受"，举例"飨客""以飨读者"。《古汉语常用字字
典》（第 5 版）重点列出两个义项：（1）鄉^①人相聚饮酒，例如《诗
经·豳风·七月》："朋酒斯飨，曰杀羔羊。"（朋酒：两樽酒。）（2）用
酒食招待人，例如《汉书·高帝纪上》："于是飨士。"（士：兵士。）

查阅以上常用工具书之后，学生基本能够准确理解字词，读通文
章。但作为"汉字汉语专题研讨"，则仍需借助更多的资料，从字形、
构意、词源等多个方面进行更广泛的系联和研究。

二、通过字形系联相关字

"鄉人相聚饮酒"的意思从何而来？教师在备课过程中，可能会沿
着字形继续追溯。《汉语大字典》在"饗"字下列出第一个义项"鄉人
相聚宴饮"，引《说文解字》为证。《说文解字·食部》："饗，鄉人饮
酒也。从食，从鄉，鄉亦声。"既是"亦声"，"鄉"亦参与表义，因此
需要再审视一下"鄉"的字形和字义。《汉语大字典》所引甲骨文、金
文字形中"鄉""饗"字形相同，都没有下面的"食"字。另，《汉语
大字典》在"鄉"字下引杨宽《古史新探》，指出"（鄉、饗的甲骨文、

---

① "鄉"为"乡"的繁体，因涉及字形结构及相关字的字际关系，所以本文统
一使用繁体字形。

金文字形）整个字像两人相向对坐、共食一簋的情况"，同时"鄉"和"卿"金文字形相同，且意义相通。杨先生认为，"'鄉'原指共同饮食的鄉人氏族聚落，'卿'原是氏族聚落中'鄉老'的称谓"，因为"鄉老"可以代表一"鄉"，所以"卿"后来就成为"鄉"的长官的称谓。至此，通过字形，我们已经系联出"飨""鄉""饗""卿"四个字。

仔细梳理一下，我们发现这四个字中最核心的是"鄉"字。古人构字，经常会选取生活中常见的一个场景，例如"齐"是麦穗平齐，"初"是裁衣之始，"尘"是群鹿奔跑扬起灰土。"鄉"金文作�，所描绘的也是一个我们非常熟悉的场景：中间是一个食器，叫作"簋"，两边各有一人，正面对面坐在那儿吃饭。这个场景可以从多个方面来理解：

第一，侧重于吃饭本身，两个人在享用或分享食物，这个意思最初写作"鄉"。

第二，作为共同饮食的鄉人氏族聚落的缩影，这个场景可以代表古代居民的一种编制单位，即"鄉里"的"鄉"。这样一来，"鄉"就有"鄉里"和"享用"两种词义。这两个意思在生活中都很常用，因此就有了区分的必要。为了表示区别，"鄉"的下面增加了一个"食"字，用"饗"来表示"享用（食物）"的意思。这样，"鄉"就可以单一地表示"鄉里""鄉党"的意思了。后来，由于"饗"字笔画繁多，不便书写、记忆，就逐渐简化为"飨"。

第三，掌管"鄉"的官员，最早叫作"卿"，在甲骨文、金文里也写作"鄉"。"卿"表示"鄉官"这个意思，并没有持续太长时间，后来主要指"公卿""卿相"一类高级官员，六朝以后多表示对人的一种美称。

第四，如果分享食物的两个人地位不等，或者其中一方占据主动，其所传达的意思就是"拿酒食来招待别人"。如果招待的对象是属下的将士，那就可以理解为"犒劳"。《鸿门宴》中"旦日飨士卒"中的"飨"，就是这个意思。

第五，如果侧重的是对坐二人的方位，那就是"朝着""对着"，这个意思原来也写作"乡"，为了区别，增益为"嚮"。又因为"嚮"的很多义项与"向"相同，所以后来就合并作"向"。

三、通过相同构意系联相关字

选取"面对食器吃饭"这个场景的字，还有"既"和"即"。"既"是一个人背对食器，表示"已经"，例如"既然""既往不咎"；"即"是一个人面对食器，表示"靠近""将要"，例如"即将""即使"都表示一种未然的情况。这两个字在统编语文教材中经常出现，其中"既"字尤为常见。例如：

（1）既出军门，群臣皆惊。（汉·司马迁《周亚夫军细柳》）

（2）既加冠，益慕圣贤之道。（明·宋濂《送东阳马生序》）

（3）既克，公问其故。（《曹刿论战》）

（4）壬戌之秋，七月既望，苏子与客泛舟游于赤壁之下。（宋·苏轼《赤壁赋》）

（5）肴核既尽，杯盘狼藉。（宋·苏轼《赤壁赋》）

（6）莫春者，春服既成。（《子路、曾皙、冉有、公西华侍坐》）

（7）既得志，则纵情以傲物。（唐·魏征《谏太宗十思疏》）

（8）匪来贸丝，来即我谋。（《诗经·卫风·氓》）

每个月农历十五叫"望日"，它的前一天叫"即望"，就是"即将到达望日"，后一天叫"既望"，就是"已经过了望日"，所以例（4）中的"七月既望"就是农历七月十六。例（8）中的"来即我谋"，意思是"到我这里来商量（婚事）"，其中"即"就是靠近的意思。

四、通过词源系联相关字

上面我们说过，"饗"有"分享"的意思。古代还有一种特殊的"分享"，现在我们称之为"供奉""进献"，就是同神灵或祖先分享美好的事物。古人渴望与神灵、祖先进行沟通，并取得他们的佑护。这种愿望很自然地寄托在升腾的青烟中，或是所进献牺牲的气味里。如今在有些农村地区，这种古老的风俗依然保留着，例如焚香、烧纸、以酒灌地等。因为神灵或祖先地位很高，却又无影无踪，所以更需诚心诚意。《曹刿论战》中，鲁庄公就说："牺牲玉帛，弗敢加也，必以信。"在科学不发达的时代，祭祀在人们的生活中占有很重要的地位。《左传·成公十三年》："国之大事，在祀与戎。"祭祀的重要性甚至超过了战争。

需要注意的是，"祭祀神灵或祖先"这个意思，最初应该用"享"而不是"饗"。清代段玉裁《说文解字注》："享，献也。《左传》作'享'为正字，《周礼》《礼记》作'饗'为同音借字。"也就是说，进献牺牲，祭祀神灵祖先，用"享"；两人对坐，共同分享美食，用"饗"，两个字分工明确。后来，"享"字合并了"饗"的"分享"这一常用义项，其"进献"的意思逐渐被"献"承担。

另外，"享""亨""烹"三字有共同的来源，都是由"亯（xiǎng）"分化出来的，它们古音同属阳部，在典籍中经常通用。从词源学的角度来看，"享""亨""烹"都有"通"的特征。"供奉""进献"的目的，就是与神灵或祖先实现沟通，所以"享"含有"通"的特征；"亨"的意思是"通达""顺利"，现在常用的还有"亨通"这个词，具有"畅通无阻"的特征；"烹"的意思是"煮"，其目的就是要达到食物的上下"通透"。

　　以上是结合统编教材和课程标准进行"汉字汉语专题研讨"的一个样例。我们以"飨"字为中心，通过多个维度的系联和研究，构建出"飨""乡""饗""卿""嚮""既""即""享""亨""烹"等相关字的知识体系，让原本看似零散的单个汉字呈现出系统性的特点。这样的研究，一方面丰富了学生在语言文字和传统文化方面的知识，锻炼了学生查阅辞书和文献资料的能力；另一方面也让学生深入材料，探索语言文字的特点及其运用规律。

语文知识教学随想

北京市顺义区教育研究和教师研修中心　刘德水

语文知识教学是一个老话题，实为冷饭。但是炒冷饭，也常常有新滋味。以下所说，就是笔者自品的新味。

一

子曰："必也正名乎。"大家一直在用"语文知识"这个概念，但是细究起来，却感觉很模糊。什么是语文知识？包括哪些内容？好像没人规定。

二十世纪七八十年代，语文知识多指语（法）、修（辞）、逻（辑），后来加上了文学常识（"常识"又是一个不同的概念），再后来又加了文化常识。课堂上教语法，从复合词的构成关系（主谓式、偏正式、动宾式等）到单句成分的辨识与划分，再到复句及多重复句的辨识等，都讲得很细。试题中也有划分句子成分、指出复句中各分句关系等类型的题目。教修辞，则几种常见的修辞方法，如比喻、比拟、夸张、排比、设问、反问、反复、借代等都要涉及，学生还要能辨识，并说出其表达效果。有些修辞方法还要深入分析，如比喻，要能辨别出明喻、暗喻、借喻，并说出本体、喻体。教逻辑，要讲概念、推理、判断。

文学常识，一般指作家作品知识。作家知识主要是教材中出现的作家的朝代、评价、代表作等。作品知识，如小说三要素、散文的特点、戏剧的分类等。文化常识比较复杂，因为"文化"是一个大筐，什么都能装进去，历史、文学、戏剧、官制、地理、民俗、语言，几乎无所不包。但因为是"常识"，所以很多专门的知识只好忽略掉。如荆轲"为变徵之声"（《荆轲刺秦王》）中的"变徵"，也就可以不甚了了，知道是一种音调即可。

语文知识还包括文言知识：实词、虚词、通假字，以及词的活用（也叫词类活用）、特殊句式（判断句、省略句、被动句、倒装句）。这些语文知识在教材中常常以知识短文的形式出现。但因为考试要考，老师往往不敢掉以轻心，一定要给学生讲，而且要求大量、反复地练习，或者督促其背诵记忆。结果是学生负担很重，记诵了很多所谓"知识"，而实际的语文能力却没有得到切实的提升。如学生记诵了关于陶渊明的知识，知道他是东晋著名大诗人，有代表作《桃花源记》《归园田居》，不满现实、厌恶官场，"不为五斗米折腰"，但是对《桃花源记》怎么表现作者对现实的不满，却一无所知，一句也说不上来。再如苏轼《石钟山记》中的"古之人不余欺也"，学生能说出"之"的用法，能说出本句的句式结构特点（否定句中，代词作宾语，宾语前置），但是对"古之人"指谁、怎么没有欺骗"我"等问题，却回答不上来。也有烦琐的分析，如教学鲁迅的《药》，教师一定要指明"花白胡子"是借代，用具有某种特征（长着花白胡子）代指具有这个特征的人（或物）——其实，学生早就知道"花白胡子"指"长着花白胡子的人"了。

这种知识教学，"重知识、轻能力"，最大的问题是把学生培养成了"知识专家""语言专家",而理解、领会、思想等方面的能力却被忽视了。这个现象，后来在教学中被纠正。这些"知识"在教材中也逐渐淡化乃至取消，知识短文不见了，考试也没有了。于是，课上也不讲了。可是，也常有老师抱怨说教学因此出现了很多问题，如学生作文中的病句，"通过学习，使大家提高了认识"，过去，用成分残缺（缺少主语）这一语法知识很容易讲清楚，现在则变得困难。

现在有人主张要讲知识，有人主张淡化知识教学。各言其志，各道其理，不一而足。

二

出现这种尴尬的局面，原因很复杂，似乎难以一言蔽之。兹梳理如下。

其一，语文教学的终极目标模糊。语文学习，最终要让学生学到哪些东西？是知识，还是能力（今天进一步提出素养）？在高中语文课程标准明确提出"语文学科核心素养"后，这个问题已经基本清楚了。

其二，我们对学习心理的认知还有限。就语文学科说，知识与能力的关系如何？学生的语文能力是如何提高的？这些问题似乎到今天还说不清楚。可以明确的是，知识和能力不是相匹配、相对应的。具备语法知识，可能有助于语文能力的提升，但仅仅掌握语法知识，未必能提升语文能力。当年，朱德熙先生给我们讲课，举过两个例子。一个是当时流行的歌曲《在希望的田野上》，他说："作为研究语法的，我百思不得其解：'在希望的田野上'，讲不通。能说'我在一间希望的屋子里'吗？可是谁都不觉得这歌名有问题。"另一个例子是，一天早晨，他的孙女忽然跑过来对他说："爷爷，爷爷，咱家的花儿灭了！""这是主宾不搭配！——然而这是多么富有诗意的语言啊！"朱先生用这两个例子鲜明地指出了语法知识的局限性。

此外，一个人的成长，必然受到先天禀赋和后天环境的影响，而其中包含的因素可以多到无限。这是一个复杂系统，我们很难对这个过程加以人为的控制。但是站在系统之外观察，则可以发现一些宏观规律，即所有具备较高语文能力和语文素养的人，都要经历大量的语文实践。这是我们对语文学习最清晰的认识。课程标准把语文课程描述为"实践性"课程，就是对这一认识的表述。

其三，我们对"规律""方法"的认识还存在缺陷。长期以来，西方现代科学的输入，造成了人们对"科学"的迷信，其中最突出的表现就是以为只要掌握了规律，就可以无往而不胜。但是在语文学习上，这种认识却往往"失灵"。语文学习，大到一切能力的提升，不经过大量的实践，只凭借规律，是难见成效的。以作文为例，在内容上，"一定要对生活有深刻感受和认知"；写法上，开头和结尾，常常需要"首尾呼应"。现在把这两点"规律""方法"——也就是所谓作文的知识——教给学生，学生立刻就可以理解掌握。可是一提笔作文，还是肤浅，还是不能呼应。因为在这个学习过程中，学生掌握的只是知识，而写作的能力并没有得到提升。因此，陆机在《文赋》的序言里慨叹：写作，"盖非知之难，能之难也"。

学习心理学中有一点是很清楚的：知识可以传授，能力不能传授。换言之，老师教的，只能是知识；能力，教不了，更教不会。能力的提升，只能经由亲身实践得来。譬如学游泳，请一个国家级教练，把游泳的诀窍编成口诀，背下来，一旦下水，还会受呛。而海边的孩子，没人教，每天在水里泡着，却水性十足。其中关键，在于有无实践。

从这个意义上说，知识的教学，该教的一定要教。"工优器良，工拙器窳"，其中的"窳"字，不教，又不让查，学生永远不知道念什么。可是，知识的教学，不能取代实践。或者说，要想提升能力，光教知识，教方法，是行不通的。

其四，师生之间的知识储备及心理、年龄差异带来的偏差。一般来说，教师的知识储备远大于学生，年龄也比学生大，属于"过来人"。这样，在教学中，就常常以过来人的心态和眼光看待学生。这在教学中是需要的。王宁先生说，对学生的学习，要清楚其"已然""能然"和"应然"。不站在知识储备的高地和成长的远处，就无法准确把握学生未来的"应然"，也就谈不上当下的精准施教。

然而，"过来人"的心态也有弊端，就是常常以自己的"已然"来看待学生的"应然"。居于山顶，对山下的一切都已经一目了然，而忽略了学生正在攀爬的过程之中，于是以自己业已获得的经验（知识）来指导视野有限、尚在懵懂迷茫之中的学生，结果必然是昭昭自昭昭，昏昏仍昏昏。仍以陶渊明为例，老师是受过大学教育的，对陶渊明了解很多，所以知道陶渊明"不为五斗米折腰"很有气节，后人加谥"靖节"，这也就成为理所当然应该知道的"常识"。但学生可能还不明白"五斗米""靖节"这些词是什么意思，《桃花源记》与"有气节"也没有什么必然联系。在他们眼里，这些都是一些生硬的、僵死的、碎片化的知识，难以成为有机的、系统化的东西。而在老师看来所谓的"掌握"，也不过是死记硬背，难以进入学生的知识系统，更不能进入、影响其生命成长。换言之，老师以系统化之后的知识的重要，来强调尚未系统化的知识的重要，其实是有问题的。

当然，也不能把死记硬背一棍子打死。"九层之台，起于累土"，任何知识体系，都是由一些基础性的知识一点一滴积累起来的。这就需要教师能站在高处，明确哪些是九层之台必需的"累土"，需要记诵，而且还要在记诵基础上将其体系化，形成知识之间的有机联系。

这是教学的技术，更是教学的艺术，也是现在教学中最为欠缺的。因不属本文论述重点，兹不赘述。

综上所述，语文知识很重要，语文知识的教学不可或缺，但是一定要合理、适度。就如前所述的具体内容来说，语、修、逻的知识，可以学一点，但目的不是掌握这些知识，而是更好地学习语言、运用语言。简言之，教学的目的，不是研究语言，更不是培养语言学家。此外，一定要认清方法性、规律性知识的局限性，不能以方法、规律的学习、掌握代替语文实践。还要对一些基础性的语文知识加以梳理，比如学生未来"应然"必需的文学、文化常识积累，做到心中有数。

三

语文教学还要加强中国传统语言知识的学习，如文字的、训诂的知识。这有助于学生的语文学习。例如李白《送友人》尾句"挥手自兹去，萧萧班马鸣"，初中学生默写，"班马"总是写成"斑马"。因为他们从小熟悉的就是动物园里的斑马，从来不知道还有"班马"，怎会不写错？而课下注释也只说"班马，离群之马"，学生仍不明所以，该错依旧错。如果有一点文字、训诂知识，知道"班"本义为"以刀分玉"，引申为"分，分开"的意思，就知道"班马"是从马群中分出去的马，"离群之马"的释义就有所本了。再联系今天"班级"的"班"，是对所分事物的引申。这样学生既能把"班马"理解到位，也能把古今的语言联系起来，实现知识的系统化。

再举一例。陶渊明《归园田居》中的"方宅十余亩，草屋八九间"，"方宅十余亩"怎么讲？课下注释："宅子四周有十几亩地。方，四周围绕。"粗看起来，陶渊明的居所和土地似乎是很优裕的。既然优裕，则从官场退出，就是从幽谷迁于乔木，那么，其品格与气节的价值就要大打折扣——只有家里生活条件比官场简陋，才更显出其精神品格的崇高。因此，对"宅""十余亩"的准确理解，就成为把握作品的关键。其实，这里"宅"不是住宅，而是指"宅田"。《孟子·梁惠王上》中有"五亩之宅，树之以桑，五十者可以衣帛矣"一句，意思与此相同。此外，结合历史知识可知，晋亩，相当于今天的 0.69 亩，十余亩，大概不超过 7 亩地；当时亩产一般为 300 斤（参考吴慧《中国历代粮食亩产研究》），7 亩，总产不过两千斤左右，而陶渊明一家此时 5 个儿子，至少 7 口人。生活条件的艰苦可想而知。以此观之，这些知识的学习，对深入透彻理解作品，功莫大焉，在教学中是必不可少的。

这样的知识，不需要系统学习，而是随文附丽、本乎文意的理解，渗透在学习过程中。习见之后，教师可以进一步帮助学生梳理，使其系统化、体系化，自成"规律"，变为学生学习的自觉的方法与工具。

当然，这样的语文教学，对教师的学科素养就提出了更高的要求。课改，不仅要更新观念，更要更新知识。教师的水平，永远决定着教学的高度。这是亘古不变的教育规律。

思绪冗杂，东拉西扯，言不及义，贻笑大方，敬请海涵。

让"思维"在语文课堂潜行

北京市延庆区教育科学研究中心　杨彩云

"为党育人、为国育才"是每一位教育工作者的初心使命。培养"德智体美劳"全面发展的人,要关注人的自主发展、文化修养和社会参与。语文学科在育人过程中承担的责任与使命重大,语言建构与运用、思维发展与提升、审美鉴赏与创造、文化传承与理解,语文核心素养的提升,对育人育才起着关键性作用。

一切语文活动都是语言活动,而语言活动的本质是思维活动。没有思维就没有语言,语言是思维的载体。思维品质、思维能力是一个人聪明与否的决定性因素,因此,把思维训练贯穿于语文教学的全过程,是提升语文课育人质量的必然选择。

基于以上思考,笔者在教学实践中进行了大胆尝试,收到了较好的效果。

一、具体思维:提倡深入,把握个性

此时、此地、此人、此事、此情、此景,都是具体的存在。一篇文章的主旨如何,艺术性怎样,要由具体的分析得之,不能搞脱离事实的抽象判断,不能仅有"放之四海而皆准"的口号和原则。比如,课堂上一提到段落的作用，学生的回答一般就是"引出下文，为下文做铺垫，增强阅读兴趣，使文章更加生动形象"；提到论据的作用，则是"证明论点，使文章更有说服力"；提到理解人物，就是"赞美了崇高品质"；说到点明中心，就是"快乐、幸福、成功"，等等。这样的回答看起来所言不差，但是没有抓住文章的"个性"，说不出具体的所以然。这样把文章语言分析大而化之的回答是经不起推敲的。证明论点，具体文章的论点是什么？引出下文，哪部分内容与上一段的关系最密切？同样是快乐，"我"的快乐的源泉是什么？同样是成功，"我"获取成功的途径与他人有怎样的不同？因此教师需要做的，是让学生具体作品具体分析，深入到文章字里行间，不断追问。把追问的"为什么"都回答了，对文章的理解也就具体了，深入了。基于以上认识，在教学《丑小鸭》时，笔者设计了以下问题，引导学生运用"具体思维"进行学习：

（1）概括这篇文章的主要内容，不超过 10 个字。

（丑小鸭变成白天鹅）

（2）这是怎样的一只鸭子？结合文章说明理由。

（预设：经受困苦、灾难；身处逆境；历经磨难；遭受打击、挫折……）

（3）文章多次写磨难，是否有些啰唆？只写一两处可以吗？结合文章说明理由。

（预设：不屈不挠、坚忍不拔、执着、向往美好）

以上环节，引领学生走进文本，把挫折、磨难具体化，在精细阅读中感受丑小鸭所经历的具体的困难。

到此并没有结束。我接着问道："丑小鸭仅仅是作者童话故事里的形象吗？"借此插入安徒生生平简介，让学生了解到，正是由于作者深厚的生活体验，才让他将丑小鸭的形象塑造得如此生动感人。正应验了作者本人的话:"生活本身就是童话。"

再进一步追问:"丑小鸭仅仅是作者自己吗?"它已经成为人们经常使用的一个文学典故,成为激励身处逆境的人们不断进取、追求美好生活的典型形象。其实我们每一个人都是"丑小鸭",在我们成长的道路上,可能是阳光洒满心田,一路顺风;也可能是被别人耻笑轻视,充满坎坷……但只要不懈追求,努力进取,"丑小鸭"也能够成为一只美丽、幸福的白天鹅。

以上教学设计由"文学形象"到"作者自喻"再到"文学典故",一步步的思维训练使学生对丑小鸭形象的认识一步步深入具体,富有个性。教师把"具体思维"的意识贯穿到教学行为、教学细节中,学生就会自觉、敏锐地认识规律、利用规律,就会一天比一天会思考。

二、整体思维:高瞻远瞩,洞若观火

整体由局部组成,但它不是局部的简单相加,其内涵大于局部的总和。就局部理解局部、处置局部,就会只见树木不见森林。从全局看局部,洞若观火。就文章来说,一篇文章有一个总的话题范围,有一个总的倾向和态度,由此去把握某一个词语或句子的含义,去理解某一个段落的价值和作用,去评判某一种手法的优劣,去划分段与段之间的层次,才会更为确切。教师在阐述整体感知文章重要性的同时,还要为学生提供整体感知的内容,即文章体式、话题范围、情感基调、思路脉络、主题宗旨。在实际教学过程中,大部分教师比较注重文章的思路脉络、主题宗旨,而往往忽略文章的情感基调。如教学史铁生的《海棠树里的张望》,有位教师引导学生品味语言。

*春天,老海棠树摇动着满树繁花,摇落一地雪似的花瓣。*我记得奶奶坐在树下糊纸袋,不时地冲我唠叨:"就不说下来帮帮我?你那小

手糊得多快！"我在树上东一句西一句地唱歌。奶奶又说："这回活儿紧！"我说："我爸我妈根本就不想让您糊那破玩意儿，是您自己非要这么累！"奶奶于是不再吭声，直起腰，喘口气，这当儿就又呆呆地张望——从粉白的花间，一直到无垠的天空。

如何理解这一段中画线句子的作用？有学生回答：这句话运用比喻的修辞方法，生动形象地写出老海棠树花颜色白，开得多，繁盛，以及在风中摇曳的动态，表达了作者对老海棠树的喜爱之情。

学生阅读写景状物文章体会情感，一般就是表达了作者对"景""物"的喜爱之情，但这就犯了"盲人摸象"的错误。其根源在于没有从文章整体把握作者情感基调。

我们一起回到原文最后一段：

但在我的印象里，奶奶的目光慢慢地离开那张报纸，离开灯光，离开我，在窗外老海棠树的影子那儿停留一下，继续离开，离开一切声响甚至一切有形，飘进黑夜，飘过星光，飘向无可慰藉的迷茫与空荒……而在我的梦里，我的祈祷中，老海棠树也便随之轰然飘去，跟随着奶奶，陪伴着她，围拢着她；奶奶坐在满树的繁花中，满地的浓阴里，张望复张望，或不断地要我给她说说："这一段到底是什么意思？"——这形象，逐年地定格成我的思念，和我永生的痛悔。

全文并不是写景状物，而是借助老海棠树表达对奶奶的思念之情。因此，在整体感知文章的基础上，"春天，老海棠树摇动着满树繁花，摇落一地雪似的花瓣"的作用应该是：描绘出奶奶在海棠树下劳作的环境，表达作者睹物思人，对奶奶的深切思念之情。这样就符合文章的情感基调了。所以说，站在文章整体的高度把握文章，理解文章，才能看得清楚明白。

三、联系思维：事理解文，读懂看透

事物是相互联系的，并在联系中形成系统。我们要学会在联系中、系统中去把握事物。文与人是联系的，要论文必先知人。文与文也是联系的，读此一篇文章，把它跟相关的文章联系起来，会看得更明晰。着眼于联系，文章就容易读懂，看透。阅读中把握文章与其写作背景、作者状况、相关文章、人情事理的联系，就是"以事解文""以理解文"。把事理作为理解具体文章的参照因素，从方法论上去思考，就会对文章有更深层次的理解。

老师们常在课堂上引用文外信息，却往往忽视了文外信息与文章的联系。比如，把时代背景、作者状况像帽子一样，"戴"在每篇课文的开头，而且还多以幻灯片的形式出现，一大屏信息，一闪而过。这样运用文外信息，达不到帮助学生理解文章的目的。

有了以上的认识，笔者在教学中开始反思改进。如上文提到的《丑小鸭》的教学设计，把安徒生的介绍放在学生初步理解了丑小鸭形象之后，从而让学生更深切地认识到，这篇童话就是一篇安徒生自传。

又如，在教学完《从百草园到三味书屋》之后，我让学生课外拓展学习鲁迅的散文《风筝》。对这篇文章主题的理解是学生学习的难点。多角度理解文章是语文教学所倡导的，那么，教师对学生形成认识的主导作用，又体现在哪里呢？学完文章，不能让学生觉得鲁迅就是那样一位"残暴的家长"吧？任何一篇文章的具体内容，总不能违背正常的人情和客观的事理，因此，我补充了下面的文外信息：

鲁迅自小便酷爱读书，祖父曾是晚清进士，家境一度非常宽裕，鲁迅与其弟周作人自小便有机会和条件接受比较好的私塾教育。

鲁迅的父亲周伯宜是个很有才华的秀才，他对鲁迅的管教是严厉的。但正是这种严酷的爱，和他在远方的祖父的严格教诲，使鲁迅在少年时代就已经博览群书，具有相当高的文化素养，为他日后登上我们民族的文学艺术高峰，打下了很好的基础。

鲁迅 13 岁那年，在京城做官的祖父因故入狱，此后父亲又长期患病，终至死亡，家境便迅速败落下来。家庭的变故对少年鲁迅产生了深刻的影响。他是家庭的长子，上有孤弱的母亲，下有幼弱的弟妹，他不得不同母亲一起承担起生活的重担。天真活泼的童年生活结束了，他过早地体验到了人生的艰难和世情的冷暖。

鲁迅和周作人相差四岁，是兄弟间挨得最近的，再加上周作人既聪明又随和，所以他们两个在一起的时候最多，情分自然比旁人也厚，有点什么趣事，常常合着伙地干，很少相瞒。

有一天，家中盛水的大缸里结了一层薄冰，鲁迅敲碎后捞了来分给弟弟们吃，三人咬得满嘴爆响。还有一次，鲁迅从一张"老鼠成亲"的画中得知元宵节晚上是老鼠成亲的时候，于是与弟弟一咬耳朵，睁着眼睛守了一夜，结果啥也没看见。第二天，周作人干什么事都无精打采，但对兄长却毫无责备之意。

学生读了以上资料，就会知道，生活在传统社会家庭的鲁迅，认为读书是第一要义，所以也用这样的要求管理弟弟，虽严厉，但不乏责任感；虽粗暴，但不乏关爱。弟弟虽伤心，但不乏敬畏；虽弱小，但不乏理解。这样，学生就从人情和常理上感受到兄弟之间的温暖，而不是那份冰冷。就是这课外资料，使我不再畏惧给学生讲《风筝》；正是这样的联系思维，让我和学生一同走近鲁迅，读懂了鲁迅。

四、两翼思维：互相促进，走向创新

思维有两个翅膀，一是求同，一是求异，二者缺一不可。求同发现规律，认识事物的共性；求异发现特点，认识事物的个性。发现规律与发现特点都是发现事物的本质，都是"创造"。

如果说前面三种思维可以用在单篇教学中，引导学生理解文章，那么"两翼思维"一定要以"组"为单位进行比较阅读。比较的对象，教师可以根据教学目标自行设定。课标倡导的"专题教学"，就是训练学生"两翼思维"的有效方式。如笔者在进行"童趣"专题教学时，提供了学习材料：唐诗《池上》《小儿垂钓》，鲁迅的散文《从百草园到三味书屋》和小说《社戏》，清代沈复的文言文《童趣》，林海音的散文《窃读记》和加拿大作家露西·莫德·蒙哥马利的小说《绿山墙的安妮》。在阅读中，学生从不同的文章中，从同一文章的不同因素中抽取出相同点，从许多个别事物中看到童趣的共同点，从而加深对事物本质特征的认识，发现规律，认识规律。在求同的基础上，我又引导学生从那些熟知的有趣事件中分析趣之所在，即趣事的趣理，寻找差别，进行"比异"思维和"立异"思维训练，提升学生的认知水平。通过专题教学实践，学生在"求同""求异"中把模糊的思想、认识变清晰了。

以上四种思维模式，在解决听、说、读、写的种种具体问题中不断应用，不断巩固，最终就会帮助学生形成稳定的思维模式、思维习惯。当学生再遇到其他问题时，就会很自然地运用以上思维模式去思考、解决问题。

基于学情数据的个别辅导 [①]

——信息技术助力语文教学的可行路径

北京师范大学第二附属中学　何　杰

一、信息技术助力语文教学的困境与路径

目前，信息技术对于教学大多还只是停留在简单应用阶段，未实现与教学过程的有机融合。尤其是在语文教学中，信息技术的应用主要体现在多媒体展示和网络查阅资料上，对于"有机融合"的探索还做得远远不够。其原因在于信息技术手段并没有适应教师和学生的真实需要，即信息技术的应用未能适应教与学的根本性规律。

笔者一直有一个观点，在教学中，信息技术手段能不用就不用。这是因为教学的本质是人与人的情感、信息交流活动，机器的介入常常会使教学复杂化。只有在尊重教与学的规律的前提下，用信息技术手段实现传统教学手段实现不了的目标，信息技术手段才能真正使教学产生高效益。

信息技术对教学的帮助主要有五个方面：形象化展现、虚拟化场

① 本文系北京市十三五教育规划课题"认知数据支持下的学生个性化与自适应学习的案例研究"的阶段性成果。

景、超量化资源、个性化助学和学情数据分析。其中前两者不宜成为语文教学的主要方式，后三者可以对语文教学提供极大助力。

二、语文教学亟需数据支持

长期以来，不少语文教师对于语文学习规律的认知往往停留在表层，只是简单地强调多读多写，但对读什么书、如何读、所读内容如何转化为学生认知，以及教师如何根据学生的认知水平实施有效教学等问题，都缺少深入的研究。语文学科的科学化还有很长的路要走。

事实上，有经验的语文教师在教学时都强调因材施教、以学定教，而所谓的"材""学"都可以由数据来体现。语文学科的科学化需要数据支撑。应当承认，语文素养中有许多不能量化的东西，但不等于所有的语文能力要素都不能量化，对学生认知数据的研究是可以使语文学科在科学化的道路上更进一步的。

然而，因为各种原因，语文学界对于学生的语文学习一直缺少定量研究。事实上，学生的所有认知成果，都不是孤立或凭空产生的，都是受相应的因素影响而形成的。学习数据的分析，就是要分析影响学生学习行为、学习结果的因素，并对其采取相应的教学优化措施。

三、科学的语文个别化辅导需要数据支撑

个性化学习一直是教师追求的理想教学境界。

所谓个性化学习，是指针对学生个性特点和发展潜能而选取恰当的方法、手段、内容、起点、进程、评价方式，使学生获得自由的、可以自我控制的学习方式和条件，进而得到全面、充分、自由、和谐发展的学习方式。而学生的个性特点与发展潜能需要通过各种学情数

据来体现。

个别辅导与训练是日常教学中最常见的个性化教学方式。为实现因材施教，很多教师花费了大量时间在个别辅导上。教师个别辅导的依据，是学生的具体学习状况，如果有相应的数据分析，教师的个别辅导会更具针对性。而这恰恰是信息技术介入语文教学的可行路径。

现在有很多语言学习的在线产品，其系统可以对学生训练过程中的行为轨迹作记录与分析。其中一些可以量化的数据，完全可成为教师开展个别辅导的依据。

影响学生正确理解的因素主要有两大类：认知结构与思维路径。理解的内容越难，影响理解的因素就越复杂，也就越难以分析。但对语句含义的理解，影响因素相对少，主要由学生的词汇积累水平决定。

在教学中，教师往往需要对学生的测试结果作认知归因分析。如果教师能够确定测试结论形成的影响因素，根据影响因素作正误归因，然后依据归因提供针对性的学习内容和训练内容，就可以实现对学生有效的辅导。

基于以上思考不难设想，只要有科学精准的数据归因分析，并针对归因提供相应的训练内容，将其按照一定的逻辑编入电脑系统，信息技术手段就可以在语文个别辅导与训练方面大有作为。待未来各方面研究成果丰富以后，信息技术甚至人工智能助力个性化学习的情景就会真正出现。

四、词语的个别辅导与训练

在目前条件下，我们主要针对语文学习最基础的内容——词语学习，做了基于信息技术、数据分析的个别化辅导的可行性探索。下面以具体试题为例加以说明。

例题 1：

（判断）"非臣陨首所能上报"中"上报"一词的意思是"向上报告"。

A 正确　　B 错误

这道题有 37% 的学生选择 A 项。这些出错的学生没有学过《陈情表》（做此题时还没有学习过），因此不知道"上报"的意思是"报答皇恩"。他们对"报"这个词更多的认识是"报告"而不是"回报"，对"上"这个词更多的认识是"向上"而不是"皇上"。这些学生头脑中缺乏相应的词语积累，而已有的词语积累又影响了他们的判断。此时，最直接的针对性讲解或训练就是引导学生熟悉"上"与"报"两个词。

然而事情并没有这样简单。题目做对了的学生也并不见得真正理解题目所给的语句。这部分学生可能对"上报"一词的意思并不了解，但因为意识到这是"臣"在说话，同时知道"陨首"一词的意思（"死去"），觉得"这不是臣子死了也要向上报告"这话不通，所以将其判断为错。也就是说，题目做对了并不表示这部分学生一定理解"上""报"两字的含义，因而仍有必要对"上""报"两个词作必要的学习与训练。

同时，认为这句题干正确（此题做错）的学生，又有可能是因为对"陨首""非"这些词语不熟悉，并且正常语感没有建立而出错。所以教师还要对他们进行"陨首""非"等词语的相应训练。

只有这样全面深入地分析学生的认知过程，教师所采取的优化措施才具有针对性和实效性。

综上所述，仅仅一道判断语句内实词意义的试题，产生的针对个人的延伸训练就有很多种。如果这样的练习很多，产生的延伸训练总量就会非常繁多。教师没有精力或条件对其进行个别训练，只能是针对全班同学进行普遍性的训练，难以实现因材施"训"。这时，信息技术手段就可以发挥作用。

当学生在系统上完成训练题目时，系统会自动记录学生所有的学习行为，留存所有学生的学习轨迹，经过人工分析将分析结果输入系统，系统就可以按照相应的程序与要求为不同学生提供不同的学习与训练内容，从而实现有针对性的个别化学习。

为此，我们在教学实践中自主研发了一套词语训练系统。这套系统可以实现词语学习的个别化训练，减轻教师个别辅导的负担，使他们集中精力与学生作深度交流。而通过词语训练系统的应用，我们又在分析学生学习结果数据的基础上，对学生的认知习惯、认知风格有了更全面的认识。

例题2：

（判断）"固知一死生为虚诞"一句中"一"的释义是"统一"。

A　正确　　B　错误

一个学生认为"统一生死"的说法正确，说明他不理解"一"在本句中是意动用法，是"把某物看作一样"的意思。"一"有"统一"的意思，但"统一生死"这个说法在这里不合语法与常理，说明该学生对于"生死"一词的语法意义不理解，正常的语感没有建立。

这个学生第一次做此题用时19秒钟，系统在讲解此题后又推送了同类型的题给他。他第二次做又错了，这次只用了3秒，这说明他并没有认真看答案，并且完全凭着印象很快作了选择，由此也可以看出这个学生的学习风格。因为他第二次也错了，系统在讲解此题后第三次推送了同类型的题。这个学生第三次做对了，用时9秒。说明此次练习他认真思考了，并且回忆起了之前的练习和讲解，虽然记忆并不牢固，理解未必透彻，但这三次反复训练还是起到了一定的作用。

通过对这个学生做题过程中用时长短、错误类型次数、题目特点等维度的分析，我们可以对该学生的词语积累水平、做题习惯、认知风格、专注程度等作出诊断，进而制订出个性化学习方案。

信息技术与学科教学的融合，语文教学科学化、个性化学习方式的建立，都需要学情数据作为支撑。有效教学的两大要素是"吃透教材、吃透学生"，其中"吃透学生"就是能够用清晰、科学化的语言对学生的认知状态作出描述。唯有如此，才谈得上因材施教和个性化学习。

以往信息技术手段不够丰富时，语文学科的科学化还只能停留在设想中。现在信息技术手段乃至人工智能手段不断升级，学情数据采集与分析的方式越来越丰富，语文学科科学化的实现路径会越来越清晰。

就目前而言，深入语文词语教学的规律，描画出学生词语学习的认知路径，实现词语学习个别辅导的数据化、科学化，是信息技术助力语文教学的可行路径。

指导学生写出"我自己"

北京市东城区教育科学研究院　计静晨

在高考写作指导工作中，如何改变学生作文的平庸、苍白、千人一面，一直是一道难解的题。《普通高中语文课程标准（2017 年版2020 年修订）》（以下简称"高中新课标"）对表达的要求是"以负责的态度陈述自己的看法，表达真情实感"，"学会以多种形式表达和交流自己对自然、社会与人生的感受和思考"。这当然是对整个高中阶段语文课程学习的要求，但对高三写作备考来说也有极大的启发。我们不妨抓住其中的"自己"二字，减少一些大而化之、面面俱到的讲评，从学生个体的思维和表达特点出发，帮助学生梳理自己的学习积累，深化对自己人生经历的认识，从而形成适合自己的构思路径和写作方法。

引导学生写出"我自己"，可以从"规定情境中的'我'""真诚而独特的'我'"和"自选文体的'我'"三个角度来实施。

一、规定情境中的"我"

考场写作属于"听将令"的写作，内容是否符合题目要求，是衡量考场作文好坏重要的标准之一。因此，学生须充分认识作文题目提供的情境任务的特点、限定性和独特性，给表达"自我"定好位。

如 2018 年全国 I 卷和全国 III 卷的作文题。前者用年表的形式展现了 21 世纪以来我国的标志性事件和未来图景；后者用三条标语浓缩了改革开放四十年的发展，具有时代的特殊内涵和意味。全国 I 卷的指令要求还包括任务情境："以上材料触发了你怎样的联想和思考？请据此写一篇文章，想象它装进'时光瓶'留待 2035 年开启，给那时 18 岁的一代人阅读。"这意味着考生必须从自己的联想和想象出发，且思考的内容必须突破"小我"，走向两代青年。这两个作文题都贴近生活，体现时代精神，考生的"自由写作"和"自主表达"必须建立在题目情境创设的"时代发展"主题上，将自我融入社会历史发展进程，表达对自我与国家、自我与社会关系的思考，对时代责任和使命的认识。

在高考写作中，"写出我自己"的前提是符合题目情境和任务要求。教师要引导学生在审题时强化读者意识、角色意识，找准"我"的定位，在题目允许的范围内表现自我的认识和情怀。

二、真诚而独特的"我"

考场作文的一大问题是思想见解千篇一律，抒情议论多为陈词滥调，难以打动读者。真情实感、真知灼见之难有，难在情理与其载体的联系上。联系越紧密，情感越容易真诚，见解越容易独到。空泛、空洞是学生说理时最常见的问题，原因往往是要说的"理"与材料之间的逻辑关系模糊和疏离。为什么会模糊和疏离呢？有一种可能，就是对材料不够熟悉。指导学生写出真诚、独特的"我"，可以在这个"熟"字上做文章。

"熟"，熟悉。它有两个特点：一个是全面、具体，事物的细节如在显微镜下，毫发毕见。由于如此全面掌握，深入了解，学生必然容易感同身受，引发较为深入的联想和思考。二是"我"熟悉的不一定是别人熟悉的，因此具有一定的独特性。这种独特的"熟悉"带来的情感或思考，也就容易比较鲜活而独特。

例如，2014年高考北京卷要求考生以"'老规矩'被重新提起并受到关注"这种现象引发的思考写一篇文章。有一篇题为《老规矩，您别忘》的作文就很有特点。文章写了北京的一个"老规矩"：称呼人用"您"字。作者以对"您"字了解得不断深入为行文线索，文章前半部分叙写对这个字从不怎么关注，到留意其使用对象、场合，后半部分分析"您"字的意义和文化内涵，结尾表达对以这个字为代表的北京"老规矩"的存续方式和价值的思考："这些渐渐被人们淡忘的老规矩，处处流露出来的礼貌与谦卑，在我看来正与北京那老胡同一样蕴藏着最醇厚的北京味道……就让它们影响一代代北京人吧，在这'千城一面'的时代，用独特的老北京礼仪文化筑起一道美丽的城墙，保留北京最独特的味道。"这篇文章胜在对"您"的熟悉上，可谓因"熟"生亲近，因"熟"生思想。作者与"您"互动得具体、深入，因此能结合自身体验，以小见大、由表及里地论述北京老规矩的文化意义；同时，由于作者对这个字的认识不同于一般的北京学生，文章又表现出一定的独特性。

在作文备考指导中，我们常常会要求学生积累写作素材。这是很有必要的。但是，如果学生对所积累的材料只限于"知道"，是不足以支撑其作出严谨的论证和精当的叙议的。换个思路，学生十八年的人生经历、兴趣爱好、见闻思考等，不也是他们熟悉的材料吗？有些学生有文体特长，他们相关的学习经历、所思所感就是非常好的写作素材。2018年，北京一位考生就在命题作文《绿水青山图》中，塑造了一个以调制心中真正的青色为追求的艺术家形象，以此呼应题目要求的"展示出人与自然和谐相处的美好图景"。文章中多处内容显示出作者在绘画方面的学习积累，如对王希孟《千里江山图》设色特点的具体而专业的介绍、对青色调制过程中相关细节的描写、对中国青绿山水艺术氛围的描摹和想象……这篇文章从立意到行文，都体现了作者对熟悉的兴趣爱好及相关经历的采撷、反思，带有鲜明的个性特征。

我们可以多花点精力帮助学生挖掘、梳理属于他们自己的生活、学习积累和体验。有的学生对文化现象感兴趣，参与过校内外很多相关活动；有的学生有不同于他人的一些生活经历；绝大多数学生有自己经常使用的写作素材。我们可以引导学生把这些个人的生活经历、知识积累同更广阔的社会生活联系起来，辅之以思维训练，相似中求异，相异中求同，将浅层次的感想感受经过由点到面、探寻本质、辩证思考等深度加工，上升为同社会发展、个人成长的规律脉动一致的思想认识。做到了这种"熟悉"，就不再是"知道"，而是"懂得"。相信这样的材料在写作中，会带来真诚的情怀和不俗的见解，真正成为写出"我自己"的利器。

三、自选文体的"我"

高考作文在文体上并不限定只能写议论文，而是多数以"明确文体"为要求，这意味着考生既可以写议论文，又可以写记叙文。但是笔者也从多方了解到，相当多的学校规定学生必须写议论文，有的尽管没有明确规定写议论文，但是老师从不进行记叙文的练习指导，考试时学生也不得不放弃极少练习的记叙文，而选择经常练习的议论文。这样合理吗？真的有利于提高学生的写作能力，发挥学生的写作水平吗？

高中新课标中明确要求"学习综合运用多种表达方式，力求有个性、有创意地表达",考试说明中也明确要求"能写论述类、实用类和文学类文章",从学习到评价,都没有对论述类和记叙类文章的写作有厚此薄彼的意思。然而到了教学的时候,就出现了议论文写作一边倒的情况。甚至有人认为只有议论文能考查和体现学生的思辨能力,而记叙文则是为那些不善于思辨的学生留下的发挥空间。不可否认,大部分考题选用的材料和设置的任务指令都是力图激发考生的想象和思考,要求考生表现出自己对社会人生的认识和感悟的,议论文确实比较有利于实现这种写作任务。但是,记叙文就不行吗?记叙文写作就不能进行理性思考,就不存在思辨活动吗?

2018 年高考天津卷的作文题提供"器"这个字的有关材料,要求考生探究"器"在形制与内容、功能与象征等层面的丰富内涵,写出自己的思考和感悟。一个考生用小小说的形式,选取"我"成长中的几个片段,写长辈们对"我"成器的期望,以及因为"我"不成器产生的多次失望,生动、幽默地对生活中狭隘、扭曲的成才观作了批评和否定。这样新颖、深刻的立意,难道不是理性思考的结果吗?作者对材料内容的审读、构思行文的匠心,不包含判断、定义、推理这样的思辨活动吗?除了理性的光彩,这篇记叙性文章还用洗练的文笔、传神的细节描写、幽默活泼的语言风格,感染、打动着读者。如果逼着这位考生只能写议论文,恐怕他未必能发挥得这么出色,表达得这么淋漓尽致了。

高考写作不限文体,是命题人的共识。这种共识正是源于尊重考生思维、表达特点,为考生提供更广阔的表达空间的"初心"。事实上,也确实有一部分学生擅长用"讲故事"的方式表达自己的思想和感悟,基于推理的论证不是他们喜欢的讲理方式,塑造形象、含蓄表现才是他们欣赏的"论道"模式。在作文备考的指导中,教师应该打破文体的局限,允许并积极帮助这样的学生大胆选择记叙文来表现思想感悟。或许我们会发现，班上忽然出现了一批有思想、有趣味的写作高手呢。"写出我自己"，从敢于选择最适合自己的文体开始吧！

其实，议论文除了最常见的论证型，还有很多种说理类型。有的学生特别关心时事，喜欢针对某些具体的社会现象来说理，那么，评述型可能更适合他；有的学生长于道理剖析，抽丝剥茧、丝丝入扣，那么，阐释型更能发挥其长处。十二年的语文学习，每个学生多多少少都会形成属于自己的思维、表达习惯。有的时候，写作面貌的改观，不取决于"补短"，而在"扬长"。

"以生为本"，关注每一个学生的成长是语文教学的根本原则之一。"教—学—评"一体化越来越受到重视，体现了新时代的语文教育在实现培养社会主义合格接班人这一目标上的不断探索和努力。高考作文的指导，应尊重学生多年的语文积累、言语经验，因势利导，扬长补短，使学生在中学最后一个阶段的语文学习中感受到自我发现、自我提升的乐趣。

议论文援事析理中的三种意识

北京教育学院丰台分院　　谢政满

　　"议论文是以逻辑为基石，以证据为结构，以说服读者接受观点或采取行动（或者二者兼而有之）为写作意图的文章。"[①] 但是一些高中生在议论文写作中，往往只注重堆砌事例，引用名人名言进行论证，却忽视了所引事例（名言）与论点之间的逻辑关系，忽视了围绕论点进行援事析理的推理过程，从而削弱了议论文的论辩力度。如果学生在论证过程中强化三种意识，从议论文段的论证结构、援事析理、逻辑推理三方面着手，合理引用材料，遵循事理、情理逻辑展开透彻论证，定能更好地达成议论文的表达功能。

意识一：论证结构清晰化

　　议论文段的论证结构包括作者的观点句，对引用材料（事例、名言等）的概述句，围绕观点展开论证的析例说理句，还有收束全段的总结句。观点鲜明是议论文写作的基本要求，为了让读者更清晰地了解和把握文章的核心话题和中心论点，观点句后面有时还须有对其进行补充说明的阐释句。当然，基于议论文的写作特点，引述材料的概

---

① 叶黎明. 写作教学内容新论 [M]. 上海：上海教育出版社，2012.

述句必须简明扼要，为下面展开论述做好准备。

下面展示一则围绕论点"失败是成功之母"而展开论证的议论文段。

【例1】失败是成功之母。（观点句）并不是所有的失败都会造就成功，但敢于面对失败，并从中汲取教训，积攒经验，就向成功迈近了一步。（阐述句）发明家爱迪生一生有一千六百二十八项发明，经过多少次失败且不去说，仅为了给电灯寻找一种适合的灯丝，就试用了一千六百多种材料。（材料句）试想，假如爱迪生不从一次次失败中吸取经验教训，以利再战；假如爱迪生遇到一次失败就却步，那么，电灯的出现，还不知要推迟多少年！失败能让人吸取教训，失败能激发人的斗志，从而使人走向成功。（析例说理句）从这个意义上说，没有失败，也就没有成功，失败是成功之母。（总结句）

议论文段的论证结构可以用这样的公式概括：论证段落＝观点句＋（阐述句）＋材料句＋析例说理句＋总结句。初学写议论文的高中生严格遵循这种结构思路，强化论证结构清晰化的意识，方能紧扣核心话题，清晰准确地表达观点，层层推进地展开论述，为援事析理、深入透彻地展开论证奠定坚实的基础。

意识二：援事析理合理化

援事析理是就事实论据展开分析说理的论证方法，目的在于让读者认清事件或现象的本质属性，从而得出与中心论点一致的结论，证明中心论点的正确性。援事析理要解决两个问题：一是如何援事，二是如何说理。

援事，主要是通过叙述来实现，但因材料来自生活或其他作品，我们称之为转述。援事须遵循以下三个原则：第一，转述的内容应该表现出材料最核心的内容。第二，转述是为议论做准备和铺垫的，切忌喧宾夺主。第三，要根据阐释论点的需要，决定叙述的方向和详略。比如上述围绕"失败是成功之母"展开论证的议论文段中，如果作者在转述爱迪生不断实践的事例中，还叙述了爱迪生的家庭背景和生平经历，甚至非常详细地描述他每一次失败时的痛苦内心、朋友家人如何劝慰他的场景等内容，就容易干扰读者的阅读视线，不利于凸显"爱迪生敢于面对失败，勇于奋争，最终获得成功"的核心内容，也就不能为下文围绕"失败是成功之母"的中心论点展开论证做好铺垫。

援事须与析理相结合。析理的关键在于就事论事，分析事件本身的来龙去脉、前因后果、正面反面，有机勾连起材料与中心论点，从而探求到中心论点的合理性。结合材料，紧扣中心论点展开分析论证是析理必须遵循的重要原则。同样是围绕"失败是成功之母"这个中心论点展开论述，有的学生在提出论点，转述爱迪生在失败中不断实践的事例后，是这样进行析理的："试想，假如爱迪生没有顽强的毅力，遇到困难而却步，那么，电灯的出现，还不知要推迟多少年！"很明显，这样的分析说理，得出的是"顽强的毅力不可或缺"的结论，偏离了"失败是成功之母"的论证中心。"爱迪生失败之后为什么能成功？""为什么说失败是成功之母？"这才是本段析例说理中需要解决的核心问题，没有紧紧围绕中心论点合理地分析论证，就不能很好地证明中心论点。下面是一则围绕"创新能促进事业发展"中心论点展开援事析理的论证段落，可以给我们写作提供参考。

【例2】创新能促进事业的发展。（观点句）海尔集团始终坚持自主创新，以技术作为发展的手段和依托。在十几年的发展过程中，海尔集团不断引进技术，整合国内外资源，坚持自主创新的研发理念，通过技术创新使集团在中国市场和国际市场上取得巨大的成功。（材料句）假如海尔集团因循守旧，不坚持自主创新的研发理论，不进行技术创新，也许早就被市场淘汰，"海尔"这个品牌也不会闻名中外。

（析例说理句）可见，海尔的成功在于创新，创新是海尔发展的不竭动力，创新是促进海尔成功的不竭源泉。（总结句）

上述论证段落中，作者首先亮明论点——"创新能促进事业的发展"，语言简洁，观点鲜明。接着，作者转述海尔集团如何坚持自主创新，最终在中国市场和国际市场取得成功的事例，突出了"海尔集团不断引进技术、整合国内外资源，坚持自主创新的研发理念"等"自主创新"的内容，援引事例简明扼要，切合中心。然后，作者在上述事例的基础上，假设与前面事实相反的情况，并将"因循守旧""自主创新"两种不同的创业态度导致的两种结果进行比较，展开分析说理，从而有力地论证了"创新能促进事业发展"的中心论点。最后，作者再次点明"创新是促进海尔成功的不竭源泉"，呼应主题。整个论证段落论点鲜明，事例典型，结构严谨，论证严密。而援事析理将观点、材料有机地融合在一起，使整个段落浑然一体。

合理地展开援事析理，是议论文写作中必须强化的重要意识，是从材料走向论点，有效实施分析论证的重要方式。

意识三：逻辑推理过程化

思维是议论文的灵魂，从审题立意、谋篇布局到观点的清晰表达，处处都要运用思维方法。逻辑指的是思维的规律和规则，是对思维过程的抽象化表达。围绕论点进行论证的过程中，我们经常要运用假设论证、因果论证、归纳推理等方法，但是如果没有关注所引材料与论点间的逻辑关系，未能充分关注逻辑推理的过程，许多论证过程就会流于形式，标签化的现象也会非常严重。上述两例议论文段中，"假如爱迪生遇到一次失败就却步，那么，电灯的出现，还不知要推迟多少年""假如海尔集团因循守旧，不坚持自主创新的研发理论，不进行技术创新，也许早就被市场淘汰，'海尔'这个品牌也不会闻名中外"之类的分析论证，虽然较好地围绕中心论点合理地展开了援事析理，但是总感觉内容还不够充实，挖掘还不够深入，论证还不够透彻。如果聚焦中心论点的某些关键词（如表示观点句陈述对象的主语，表示观点句陈述内容的谓语、宾语等），在中心论点的关键词之间寻找一个论证中项，借此将论点的核心话题与观点勾连起来，则能让读者充分感受到论证的推理过程，使议论更符合事理情理，更符合逻辑思维，更具说服力。下面仍是一则围绕"失败是成功之母"论点展开论证的议论文段。

【例3】失败是成功之母。（观点句）并不是所有的失败都会造就成功，但敢于面对失败，并从中汲取教训，积攒经验，就向成功迈近了一步。（阐述句）发明家爱迪生一生有一千六百二十八项发明，经过多少次失败且不去说，仅为了给电灯寻找一种适合的灯丝，就试用了一千六百多种材料。（材料句）但是难能可贵的是，爱迪生在一次次失败中吸取了经验教训，锤炼了自己不断实践、继续探索的坚强意志，正是这种永不言败、不断进取的坚强意志使爱迪生战胜了一次次挫折，最终找到了适合的灯丝，有了一千六百二十八项发明，从而登上了成功的巅峰。（析例说理句）从这个意义上说，失败砥砺了爱迪生坚强的意志，而正是这坚强的意志推动着爱迪生不断前进，最终获取成功，失败是成功之母。（总结句）

与例1相比，例3在观点句、阐述句、材料句的表述上没有太大变化，但在析例说理展开论证的方式上有了不同。作者不再采取"假如……那么……""因为……所以……"等假设论证、因果论证，作形而上式的分析说理，而是在论点关键词"失败"与"成功"之间架构了一个"论证中项"，清晰准确地展示了"失败""坚强意志""成功"三者的逻辑关系，并且结合材料透彻分析了"失败砥砺了坚强的意志""坚强的意志促进了爱迪生的成功"两个命题的个中关联，从而论证出"失败是成功之母"的主题。

例3展示的论证方法在逻辑学上叫作演绎推理法。演绎推理法是由两个含有共同项（即论证中项）的命题作为前提，得出一个新的命题作为结论的推理方法。演绎推理的内涵理解难度较大，我们在教学中不用纠缠于让学生理解其概念及公式，只要明确演绎逻辑的内核——搭建中项，就能让他们学会围绕材料展开有过程的论证。有一个典型的运用演绎推理法展开论证的案例，它是这样论证"古代黄河流域一带是气候温暖的地带"的观点的：论述者在"古代黄河流域"和"气候温暖的地带"之间搭建了一个论证中项——竹子生长，于是由"古代黄河流域有竹子生长""竹子生长的地方都是气候温暖的地方"，得出"古代黄河流域一带是气候温暖的地带"这一结论。我们还可参照下面围绕中心论点"磨难，磨出奇迹"展开论证的议论文段。

【例4】磨，总给人带来痛苦煎熬之感，沧桑的质感让人总想逃避。然而，有时正是磨难，磨出了奇迹。梵高的一生充满孤独与被遗弃感，孤独既必要又令人不堪折磨的悖论撕扯着他的灵魂，让饱受饥寒、家人离别、爱情打击的梵高备受折磨。饥饿吞噬着他的意志，痛苦的孤独占据着他的灵魂，生活几乎磨灭了他，然而这个无绘画功底又贫穷又不合群的怪异画家始终追求着艺术与美的信仰。他在几近毁灭式的折磨下励志穿透"绘画的铁墙"。正如加缪所言，明知世界的冷酷与丑恶，也要尽力燃烧，为世间带来爱和美。他用大片明黄宣泄心中不堪折磨的孤独，在现实的磨砺中不屈与挣扎，战胜一切打击，犹如穿越一道人生的窄门，门后便是几百年来不曾凋谢的灿烂的向日葵，诡秘又充满魅力的星月夜。在与磨难做伴的人生中，他不放弃艺术家追求理想的本质，打磨出炽烈的激情与不朽的成就。

文段首先点明中心论点"有时正是磨难，磨出了奇迹"，接着在论述过程中概述了梵高所受的"磨难"（"梵高的一生充满孤独与被遗弃感……生活几乎磨灭了他"），以及梵高创造的"奇迹"（"几百年来不曾凋谢的灿烂的向日葵，诡秘又充满魅力的星月夜""不朽的成就"等），而勾连起"磨难"和"奇迹"的是论证中项——"梵高不屈的追求和抗争"。正是"在磨难中不屈的追求和抗争"，"使梵高最终创造了奇迹"，也论证了"磨难创造奇迹"的主题。

　　逻辑学，是一个有着庞大系统的学科，传统的、现代的，辩证的、演绎的、归纳的和类比的，经典的和非经典的，等等。强化逻辑推理的过程意识，学习在写作中运用逻辑进行思考和论证，能让我们关注援事析理的逻辑性，关注论证说理的过程，让议论更深刻、更充分。

依托统编教材提升学生写作能力的策略探究

北京市朝阳区教育研究中心附属学校　赵军霞

北京师范大学文学院　张燕玲

　　作文虽然在中高考中占据着很大分值，但是在具体的教学实践中，教师往往还是更重视阅读教学。对于写作教学，我们好像还是显得办法不多，在提升学生的写作能力方面的成效难如人意。统编教材在写作板块的编排上有了很大的变化，能够帮助我们解决写作教学中的很多问题。下面是笔者在教学实践中的一些思考和探索。

一、写作教学现状调查与分析

　　影响学生写作的因素很多，概括来说主要可以分为外部因素与内部因素。外部因素包括社会、媒体、家庭、学校、教师、同学等，内部因素即学生自身的因素，包括年龄、兴趣、情感、心理以及背景知识、阅读积累、智力水平、思维能力等。而写作的兴趣、素材的积累、写作的技巧应该是影响其写作能力的核心因素。

　　写作兴趣，通俗地说，就是学生想不想写、愿不愿写的问题，这是学生写作的重要前提和基础，直接关系到学生的写作动力。如果说写作兴趣解决的是学生想不想写的问题，那么学生"写什么"，即"有没有米下锅""用什么米下锅"，就是关于写作素材的问题。写作素材包括学生对于生活的直接体验与观察，也包括学生阅读学习的间接经验积累。第三个影响写作的重要因素就是"怎么写"，也即写作技巧问题，包括审题、立意、谋篇、布局、语言等。

根据影响初中生写作素养的因素，通过对学生平时的观察、学生访谈、教师访谈、考试试卷写作部分分析及写作能力专项测试等，笔者发现目前初中作文教学仍存在一些问题。

一是教师写作教学的"三无"问题，即无方向（或方向不明确）、无序列、无方法。

首先，教学目标比较模糊，缺乏具体清晰的课时教学目标，作文课随意性强。在两节连排的作文课上，教师通常的做法是给出题目、提出写作要求，然后让学生当堂作文，批阅后针对学生作文中的问题进行共性分析。写作教学目标比较笼统。另外，应试教学突出。虽然作文在中高考中占据的分值很大，教师也深知其重要，但操作层面还是缺乏实质性的重视，多侧重于考场整篇作文的训练。这样的做法不具有深度学习的特征，无法助力学生提升写作能力。

其次，写作教学目标和内容设计缺乏系统性、序列性。作文教学存在非常明显的无序、随意的状况，缺乏全盘的从宏观到微观的有序的系统的设计规划。

最后，教师对学生写作能力与水平的提高缺乏有效的手段方式，教学主要从应试技巧方面着力，难以从根本上改变学生的写作状态，显出力不从心的尴尬态势。教师在教学中就作文谈作文，对作文的深层次问题缺乏深入准确的分析。

二是学生写作中的"三无"问题，即无中心、无细节、无创意。

首先，中心不明确、不突出，或多中心。很多学生不知道要写什么，怎么写，于是想到什么写什么；有的学生可能知道自己想说什么，可想说的太多，结果是眉毛胡子一把抓，什么也没有说清楚，没有明确、突出的中心。

其次，表现手法单一，"点到即止"，缺乏描写等手法的运用或描写不够深入细致。一些学生的文章思路不清，结构混乱，不知道先说什么，后说什么，什么是因，什么是果，各个段落之间、各项内容之间缺乏逻辑关联，不仅在结构上无法突出中心，在内容上也没有对具体的事物细节进行描摹以突出重点，描写不够全面、生动。

最后，内容空洞，缺乏真情实感。一些学生的文章充满大话、套话，以及一些冷冰冰、干巴巴、无关痛痒的话，没有自己的真实感情、切身体验。内容千篇一律，不能做到独特地、有创意地表达。

综上所述，教师教学的"三无"和学生写作的"三无"是目前写作教学中亟需解决的问题。教师教学的问题解决了，学生的问题也将随之解决。统编教材在写作板块上的明显变化和突出优势，为解决以上写作问题提供了很好的帮助。

二、统编初中语文教材写作板块梳理及分析

统编教材中的写作专题，从培养学生的写作兴趣和良好写作习惯开始，逐步培养其记叙文、说明文、议论文等各类文体及游记、书信、读后感等实用类文本的写作能力。笔者对初中语文六册教材写作模块的总体布局进行梳理，发现统编教材在写作板块的编排优势突出。

表1 统编教材七年级上册写作板块训练主题及写作实践

	训练主题	写作实践
第一单元	热爱生活，热爱写作	片段写作：由夏入秋的景物变化 作文：围绕话题"新校园感受""回忆成长"写作
第二单元	学会记事	为简短的记事"添枝加叶" 作文：《那一次，我真_____》《我们是一家人》
第三单元	写人要抓住特点	片段写作："画"人物肖像 扩写片段 作文：以"我的偶像"为话题作文
第四单元	思路要清晰	为《_____二三事》列出提纲 作文：《这天，我回家晚了》《对_____的一次采访》
第五单元	如何突出中心	以"书包"为话题，自选角度，确立中心 作文：《餐桌前的谈话》；以"走出校园"为话题写一篇作文
第六单元	发挥联想和想象	故事接龙：那一天，发生了一件奇怪的事 作文：续写《皇帝的新装》；《十年后的我》

从"学会记事""写人要抓住特点""思路要清晰""如何突出中心"等训练主题可以看出，七年级上册的教材旨在教会学生构建作文的基本框架。

表2 统编教材七年级下册写作板块训练主题及写作实践

	训练主题	写作实践
第一单元	写出人物精神	片段写作：《我的好朋友》 作文：《争论》《这样的人让我_____》
第二单元	学习抒情	片段写作：写一段抒发某种感情的话 作文：《乡情》《我的烦恼》
第三单元	抓住细节	修改前两个单元的作文 作文：《_____的那一刻》《照片里的故事》

	训练主题	写作实践
第四单元	怎样选材	围绕"熟悉的街道"确定中心、选择材料并注明详略 作文:《晒晒我们班的"牛人"》《我的一天》
第五单元	文从字顺	片段写作:景物描写 作文:扩展"景物描写";《月亮》
第六单元	语言简明	修改指定的一段话 简明概括《带上她的眼睛》 作文:围绕"科技"主题写一篇想象作文

从"学习抒情""抓住细节""怎样选材""文从字顺"等训练主题可以看出,七年级下册教材旨在教会学生对作文进行润色加工。

表3　统编教材八年级上册写作板块训练主题及写作实践

	训练主题	写作实践
第一单元	怎样写新闻	写一则消息及其他体裁的新闻 编辑制作报纸或新闻网页
第二单元	学写传记	片段写作:自我介绍 作文:为他人写小传
第三单元	学习描写景物	片段写作:校园一景 作文:《窗外》《我爱_____季》
第四单元	语言要连贯	修改作文片段 作文:《节日》;围绕"动手做过的事"写一篇作文
第五单元	说明事物要抓住特征	根据材料整理说明文 作文:写一篇介绍建筑的说明文;《我的生活少不了它》
第六单元	表达要得体	修改班会发言稿 写邀请函 写倡议书

从"怎样写新闻""学写传记""说明事物要抓住特征"等训练主题可以看出，八年级上册教材强调实用文体的写作，尤其是说明类文体写作。

表4　统编教材八年级下册写作板块训练主题及写作实践

	训练主题	写作实践
第一单元	学习仿写	仿写《安塞腰鼓》片段 仿写心理描写片段 模仿《背影》《秋天的怀念》作文
第二单元	说明的顺序	片段写作：我的小天地 作文：介绍产品的功能和使用说明；介绍我周围的环境
第三单元	学写读后感	课文读后感、名著读后感、电影观后感
第四单元	撰写演讲稿	写一篇演讲稿
第五单元	学写游记	片段写作：游览过的景点 作文：游览过的景点；《参观_____》
第六单元	学写故事	故事接龙 作文：围绕某件事写故事；《_____的故事》

由八年级下册的写作训练主题可以看出，该册教材强调实用性和改编式写作，无论是写读后感、演讲稿，还是写游记和故事，都突出了语文实践活动与学生生活紧密相关的特点。

表5　统编教材九年级上册写作板块训练主题及写作实践

	训练主题	写作实践
第一单元	诗歌创作	诗歌《礼物》续写 写一首生日祝福诗歌 仿写诗歌

	训练主题	写作实践
第二单元	观点要明确	以"好奇"为话题，列作文提纲 写议论性文字 作文：以"青少年如何对待电子游戏"为话题作文
第三单元	议论要言之有据	建立"素材库" 作文：《谈诚信》；以对"先天下之忧而忧，后天下之乐而乐"的看法写议论文
第四单元	学习缩写	缩写小说、议论文 作文：用缩写的方式介绍一本书
第五单元	论证要合理	片段写作：怀疑精神 作文："知足与快乐"；"近朱者赤，近墨者黑"
第六单元	学习改写	改写寓言、小说 将课文改写成课本剧

从九年级上册训练主题中的"观点要明确""议论要言之有据""论证要合理"可以看出，该册教材主要强调议论类文体的写作。

表6　统编教材九年级下册写作板块训练主题及写作实践

	训练主题	写作实践
第一单元	学习扩写	将给出的材料扩写成一段话、一篇文章
第二单元	审题立意	列写作主题并作文 作文：《翻过那座山》
第三单元	布局谋篇	作文：《家乡的名片》《在路上》 写故事或感悟
第四单元	修改润色	修改润色习作 作文：《谈谈我的写作》
第五单元	——	——

续表

	训练主题	写作实践
第六单元	有创意地表达	写推荐语 作文："我的老师（同学、朋友）"；《春天的色彩》

九年级下册的作文训练主题中，"审题立意""布局谋篇""修改润色""有创意地表达"都在强调写作的程式训练。

统编初中语文教材在每个阅读单元后面都设有写作专栏，包括训练主题和写作实践两部分内容。训练主题中或介绍写作知识，或提供写作技巧和方法；写作实践则提出写作的内容和要求，大都由片段写作到大作文写作，或由语文活动到作文写作，缓解学生对写作的恐惧心理，更容易让学生产生写作兴趣。综观六册教材三十五个单元的写作专栏，我们不难发现其编排上的优势：

首先，写作内容基本呈序列安排，七到九年级的写作专题，从培养学生的写作兴趣和良好写作习惯开始，逐步培养记叙文、说明文、议论文等各类文体及游记、书信、小传等实用类文本的写作能力，很好地解决了写作教学的"无序列"问题。

其次，为教师提供了作文教学的思路与基本方法。七年级教材从作文的基本框架入手，培养学生作文"写什么"的意识，再强调作文的润色加工，提升学生"怎么写"的能力。八年级和九年级的作文训练从说明文、议论文以及新闻、传记、读后感、演讲稿等不同类别，培养学生不同文体的写作能力。教材为教师的实际作文教学提供了系统性的教学思路与方法。

再次，提供了写作的具体实践情境和题目，让学生在真实的语文实践活动中提升语文核心素养。七年级重点培养学生的写作兴趣和良好的写作习惯，如热爱生活、热爱写作、文从字顺，在此基础上初步培养其写人记事的能力。八、九年级主要有三方面的内容：一是文体写作，如撰写演讲稿，说明事物要抓住特征，论证要合理等；二是改编式写作，主要是学习仿写、改写、扩写、缩写等；三是作文程式学习，包括审题立意、布局谋篇、修改润色、有创意地表达等内容。

最后，阅读模块与写作模块结合更加紧密。每个单元的写作专题与本单元阅读的教学重点相配合，写作题目灵活多样，注重搭建台阶，突出支撑性和指导性。

三、提升学生写作能力的实践及思考

基于对写作教学现状的调研和对统编教材写作板块的梳理，笔者认为"两条腿走路"是作文教学的基本思想，即平时积累与课堂教法，二者同等重要，同步前进，不可偏颇，缺一不可。下面是笔者对所教班级进行为期两年的教学实践研究后，总结出的提升学生写作能力的几点做法。

1. 依托教材，形成序列

统编教材写作板块优势突出，既有系统序列化的编排，又为教学提供了不同文体的写作实践训练素材。那么，该如何用好统编教材？笔者认为，首先应该明确初中三年作文教学的总目标及阶段目标。《义务教育语文课程标准（2022年版）》对第四学段（7—9年级）的写作教学提出了明确的目标要求，并针对写作对象、写作素材、不同类型的文体写作以及写作训练进行了具体阐释。教师应当在课程标准总目标的基础上明确初中阶段不同年级阶段的目标，合理安排教学活动。其次，依据统编教材和学生的实际水平规划作文教学，形成三年作文序列。相较于无序、缺乏全盘考虑的规划而言，宏观到微观的有序系统的设计更有利于引导学生进行系统化的写作训练，促进学生遣词造句、谋篇布局、文章立意等能力的提升，并为教师作文教学活动形成参考借鉴的样例。最后，依据学生写作中的问题制订指导方案，构建高效作文课堂。一方面，根据学生在不同阶段的特点，有针对性地推进写作教学指导策略；另一方面，同一阶段的不同学生在写作中出现的问题各不相同，教师需要对学生个体进行有针对性的指导。

相较于阅读课而言，作文指导课实践难度更大，因为阅读课有现成的材料，而作文课要靠教师自己去寻找材料，并建立其逻辑关系。笔者在实践研究的基础上，形成了个人作文序列课堂，如：

学习仿写，让文章美起来；

描写细节，让文章亮起来；

精准选材，让文章新起来；

突出中心，让文章明起来；

抒发感悟，让文章深起来；

发挥想象，让文章妙起来；

布局谋篇，让文章顺起来；

修改润色，让文章高起来。

2. 借助教材，读写结合

阅读过程是一个信息获取过程，而写作过程则是一个信息输出过程。正如叶圣陶先生在《认真学习语文》中所说："阅读与写作，吸收和表达，一个是进，从外到内，一个是出，从内到外。"斯霞老师也说："阅读为写作提供了知识与技能"，"多读多写，首先是个'读'"。如果阅读是"厚积"，那指导学生走上写作之路应该算得上是"薄发"。

提高学生的写作能力主要从帮助其获得生活素材、学会写作方法着手。"能够获得生活素材和激励创造情绪的教学，就必然能够使学生感到'易于动笔'和'乐于表达'，这大概是写作教学获得成功的重要前提。"①因而在美文赏析中适时引导学生借鉴模仿，可以帮助学生提高对作文的兴趣和表达能力。

（1）精彩从模仿开始

朱熹曾说过："古人作文作诗，多是模仿前人而作之。盖学之既久，自然纯熟。"从心理学角度看，模仿的本质就是在读与写之间架起一座桥梁，谋求读与写两种学习情境的共同要素。教师可利用美文赏读课对学生进行写作技巧的指导与训练。

第一，仿句训练。在阅读美文中，看到好的句子，可以有意让学生模仿。如朱自清的《春》：

春天像刚落地的娃娃，从头到脚都是新的，他生长着。

春天像小姑娘，花枝招展的，笑着，走着。

春天像健壮的青年，有铁一般的胳膊和腰脚，他领着我们上前去。

第二，仿段落训练。让学生运用自己的语言，采用文中的描写方法来仿写。如《记承天寺夜游》："庭下如积水空明，水中藻荇交横，盖竹柏影也。"用现代汉语来表达："月色洒满庭院，如同积水自上而下充满院落，清澈透明，水中水藻、荇菜交叉错杂，原来那是竹子、柏树的影子。"这节是写月光的，整节没有一个"月"字，以"竹柏影"来衬月光的明亮，让读者觉得月光澄澈透明，有亲临月下的感觉，写得精妙之极。教师就可让学生仿写此段对月光的描写。

第三，仿题材。课文用了什么题材，教师可指导学生从自身生活实际出发，仿用相同或类似题材。例如朱自清的《背影》，作者捕捉生

---

① 倪进翠. 阅读教学中学生写作能力训练之我见 [J]. 作文成功之路：小学，2012（11）.

活中的琐事来表现父亲对儿子的爱，在平凡中蕴含深刻的道理，又在平凡中寄予无限的深情。像这样的文章还有很多，教师让学生进行题材仿写，不仅让学生意识到平时要善于观察，善于发现，而且训练了学生的思维，丰富了学生的人生体验，也使学生的情感态度价值观得到了深刻的教育。

第四，仿表现手法。课文中的表现手法，教师可指导学生运用于写作之中。例如《驿路梨花》一文的悬念与误会，《阿长与〈山海经〉》一文的欲扬先抑，《白杨礼赞》一文的象征手法，都是学生仿写的优质素材。教师可让学生现学现用，模仿这些文章的写作手法，从而提高写作水平。

总之，"作文的基本途径是从仿写到创写。这样学生很容易摸着作文的门道，也容易感受到作文的乐趣"①，从而取得很好的效果。

（2）深读才能擅写

教材中有很多经典文章，我们可以通过与文本不同形式的对话，如改写、扩写、续写、悟写等形式，让学生触摸经典的脉搏，与文章进行深度对话。这既是深入阅读文章的方式，也是深入理解文章的结果。这样不仅可以加深学生对文章的理解和记忆，还可以锻炼学生的写作能力，培养和训练学生的想象力和思维力。从教学实践来看，学生对这样的学习任务兴趣高，写作欲望强。叶圣陶先生说："阅读是吸收，写作是倾吐，倾吐能否合于法度，显然与吸收有密切的关系。"只要我们找到阅读与写作的结合点，舞好两柄"利剑"，自然就能"双剑合璧，威力剧增"，在美文赏析指导课程的实施过程中，最终达到阅读与写作"比翼齐飞"的目标。

笔者就非常重视在阅读教学中让学生用随笔周记的方式进行仿写、

---

① 王大伟. 激发写作兴趣四法 [J]. 常州教师教育，2003（5）.

改写、缩写、扩写等。在写作实践与指导的基础上，将学生的随笔分为"个人足迹""共同见证""对话名家""深触经典""关注身边"等不同板块，并汇编成册。这样既能够培养学生的写作兴趣，又可以积累素材，厚积薄发，促使学生思想认识和思维水平的提升。

3. 利用"三文"，对比提升

作文课堂的关键有二。一方面要有"三文"，即名文、范文、病文，能提供样本方便学生的模仿写作，又能让学生避免问题的再次产生。通过"三文"，学生在典型案例中学习文章写作的语言运用与修辞文法，潜移默化地积累写作知识。另一方面，要让学生自主发现写作方面的问题、总结规律，而不是教师代替学生完成这一建构知识、形成能力的过程。

（1）"名文引路"——掌握写作技巧和方法

以蒲松龄的《狼》为例。文章通过"遇狼""惧狼""御狼""杀狼"的故事，让读者了解狼的狡猾凶狠，更突出人的勇敢机智这一中心。文章在结构上清晰明了，卒章显志，对于写作中怎样突出中心，是一篇值得学习的范文。同时，文章中"遇狼""惧狼""御狼""杀狼"的事件顺序，可以让学生学习谋篇布局的文章知识。打通阅读与写作的关键点，让学生在阅读时学习写作，可以充分发挥经典课文的范例作用。

再如朱德《回忆我的母亲》，课文前面部分回忆关于母亲的诸多事情，对事件进行叙述；结尾部分"我应该感谢母亲，她教给我与困难做斗争的经验""我应该感谢母亲，她教给我生产的知识和革命的意志，鼓励我以后走上革命的道路""我用什么方法来报答母亲的深恩呢"，点明感谢母亲、怀念母亲、报答母亲的中心主旨。学生在品味温情亲情的同时，可以学会突出中心的写作手法。又如《精神的三间小屋》的板块式结构，可以让学生学会怎样谋篇布局;《阿长与〈山海经〉》中"仁厚黑暗的地母呵，愿在你怀里永安她的魂灵!"抒发情真意切的情感的同时，隐含着怎样突出中心的写作知识;《荷叶·母亲》中的"母亲啊! 你是荷叶，我是红莲。心中的雨点来了，除了你，谁是我在无遮拦天空下的荫蔽"，联想比喻发人深思，同时也体现了怎样突出中心的写作手法⋯⋯教师在阅读教学中，不仅要让学生明白课文"说了什么"，更要让他们学习课文是"怎样说"的。一篇篇文质兼美的课文为学生的语文学习提供了优秀的语言积累范例，为学生的写作提供了内在逻辑思维与谋篇布局的知识典范。

（2）"范文树标"——激发学生写作兴趣

学生的习作中不乏相对优秀的作文，这些来自身边的同龄人的范文对学生来说更有说服力，对学生的影响也更直接有效。学生会以这些优秀作文为标杆，来发现自己作文中的问题并自觉修改提升。自己的作文作为范文被别人学习，也能激励学生更严格地要求自己，力争把作文写得更好。

（3）"病文会诊"——发现写作问题，修改提升

不同于阅读教学，作文教学需要学生在写作实践中不断生成文本，实现语言建构与运用能力的提升。然而语言建构与运用能力的提升并不是一蹴而就的，会伴随着许多问题的出现。在这一过程中，教师将学生作文中出现的问题进行提炼，转化为典型案例，明确问题所在，可以让学生在写作中自主发现问题，避免再次出现此类问题。

以《晒晒我们班的牛人》作文为例，一些同学选择了"胆量大、顶撞老师、外貌可爱、帮助同学"等作为写作素材。在小组讨论后，学生得出文章存在选材不恰当、中心主旨不突出、偏离文章主题等问题的结论。经过"病文会诊"，学生明确了问题所在，就会在以后的作文中尽可能规避此类问题。以"病文"作为示例，既能引发学生的写

作再思考，也能让他们以身边的问题为着眼点，在写作选材时积极思考。教师要充分利用好学生写作中出现的典型问题，并将其作为提升学生写作能力的突破口，针对学生写作的真实问题进行指导，为学生搭建写作选材的"脚手架"。

4. 关注热点，激发兴趣

兴趣是最好的老师。当学生感到无话可说、无话可写时，教师可以引导学生关注时代，关注社会，关注身边，用学生感兴趣且关注的热点事件激发其写作兴趣。

比如，法国巴黎圣母院突发大火，这一突发新闻事件引起了学生的强烈关注。教师选择这一事件的图片为教学切入点，选取网友评论，如"艺术瑰宝顷刻间化为灰烬，这是人类文明的损失""卡西莫多失去了他心爱的姑娘，而巴黎也终究失去了圣母院""再见，巴黎圣母院：经历了 850 年的风雨，却逃不过一场大火"。其中包含的伤心、震撼、慨叹、遗憾等情感，有效激发起学生对于该事件的思考。学生有话想说、有话可说，再对其感悟进行总结提升，便可转化为作文中的书面语言。

又如"描写细节，让文章亮起来"作文课上，教师选取班级组织的农耕活动与插花课的照片作为切入点。照片上的同学挖到红薯后与完成作品后开心的模样，引起了学生热烈的交流讨论。学生就会更积极主动地将作文课上所学的细节描写运用到写作中。初中学生对身边的事有一定的兴趣，教师在写作教学时需要将学生的兴趣点转化为写作点，激发其写作兴趣，为其写作提供动力，引导其完成从口头语言到书面语言的转化，充分表达自我的真情实感。

写作教学是一个复杂、系列的教学活动，也是一项个性化教学和个性化提升的工作。教师要依托教材、关注生活、立足课堂，更好地助力学生逐步提升写作能力。

从"内容"到"思想"

——作文素材积累的进阶策略

　　积累一定的素材资源是写作的先决条件，但积累了素材并不意味着能在写作时将其恰当地为我所用。这里面涉及迁移和转化的问题。任何形式的素材资源，其本质都是对大千世界的理解和表达，所以只有用心体会素材的内核，找到蕴含其中的情与理，才能引发共鸣，促进思考。如此，素材中那些原本"别人做的事""别人说的话""别人的感受和认识"，才能与我们的世界发生联系，转化成我们的思想源泉。

　　应该说，基于论据使用而死记硬背素材内容的积累，不算是真正意义上的积累；真正的积累，以丰富感受、深化认知、提高思想为追求。因为"取法于上，仅得为中"，若"取法于中"，就只能"故为其下"了。实践也告诉我们，积累的素材论据容易忘记，而内化的思想认识不易丢失。因此，我们要在教学中让学生学会"思想积累"，实现素材积累方式的进阶。

一、思想积累，让素材与更多的题目相遇

写作中重要的一步是审题。在审题过程中，对题目的理解无疑会直接影响立意的高低和观点的深浅。同时，还有一个因素也在发挥着重要作用，那就是素材积累，尤其是对素材所蕴含的思想认识的积累。下面以2010年北京高考作文为例加以说明：

请以"仰望星空与脚踏实地"作为题目，写一篇不少于800字的文章。除诗歌外，文体不限。

先来审题。这是道以并列短语形式呈现的关系型命题作文，题目由两部分组成。"仰望星空"是一种比喻的说法，指个人、集体、国家等对于一切未来目标的怀想和向往。"星空"因其美丽、深邃和神秘，故可喻指美好或高远的理想，又因其辽远、朦胧和缥缈，可喻指不切实际的幻想或空想。"脚踏实地"的含义相对明确，指做事认真、踏实、不虚浮，一步一个脚印。两者放在一起，形成了鲜明对比：高与低，远与近，虚与实。

说完审题，再说立意。这是一个含有对比关系的作文。根据对题目含义的不同理解，立意角度可体现为以下三个方面：肯定双方都重要，即"要仰望星空，也要脚踏实地"；强调一方更重要，即"要仰望星空，更要脚踏实地"或"要脚踏实地，更要仰望星空"；肯定一方，否定另一方，即"不要仰望星空（空想），要脚踏实地（实干）"。

以上三种立意或关系中，哪一种是我们最想写或最有把握写好的？这既取决于对现实社会的熟悉和了解（针对性），也取决于对素材的认识程度。下面的一篇考场例文的立意和观点，显然受到了两篇文章的影响。

仰望星空与脚踏实地

仰望星空与脚踏实地是多么精妙的比喻。那沉湎于幻想的姿态，

与贴近苦难、检阅着人们苦难的俯首，深切地折射出对文学创作的两种截然相反的态度。后者将人民的苦难与幸福化作时代的赞歌，将文学注入鲜活血脉与真实情感，而前者的脱离实际、飘移不定的目光将预示着一场文化的浩劫！

因此脚踏实地者永远非仰望星空者所能企及。很多人都可于国家危急存亡之时视水深火热于不顾，陷入无边无际的幻想，摆弄着无关痛痒的"文学"，是谓"仰望星空"之美好；只有少数人能够将文学的重任挑起。世上只有一个重量千钧的周树人，然而无足轻重的周作人茫茫何其多，前后者的本质差别便在于精神的高度：仰望星空是以追求"美"为借口逃避一个时代中文学所应担负的救世的责任，而文学的价值应在反映时代、用无情的笔戳破时代弊端中体现，应灌注时代的强音。我不相信脱离"本职"的泛滥文学的济世价值的存在，亦不知"仰望星空"除耽于幻想的快感后究竟能为时代留下何种不灭的珍珠。

相比之下，如我所坚信，作家必须无时无刻不脚踏实地，才能真正强有力地撑起文学的一方天空。脚踏实地意味着倾听人民的苦难与幸福，如杜甫般肩负起"济世"责任，倾听人民的哀号并将自己最深切的思考化入其中。这是真正有责任有道义的作家不约而同的选择，如哲学家维特根斯坦说："我宁愿在大地匍匐，也不愿在云端曼舞。"一个真正的作家一想到祖国和人民正处于水深火热之中，那心底的责任与道义便呼唤着他们、折磨着他们，让他们以巨大的怜悯包容时代。更有伟大作家如托尔斯泰者预见到"脱离大地"的文学创作乃无限虚浮，甚至面临着"精神危机"，甘愿终其一生保持着"脚踏实地"的姿态，保持着"扎根于现实"的原则。回归朴实，方能使精神的源流生生不息。

然而综观现世之文学，似有行至穷途末路之危机：糖衣炮弹、矫揉造作而无病呻吟者为多,是所谓"仰望星空"者,而真正脚踏实地审思时代之大器者寥寥无几。这不禁令人隐忧。是真文学,就当脚踏实地般挑起时代重任,仰望星空般避重就轻的结果便是使文化、文学趋于浅薄。在"浅阅读"充斥于世的今天,这难道还不应使人们警醒吗?

　　脚踏实地,去承受文学应承受的那份重量……

(北京一〇一中学　金悦宁)

　　这篇作文将题目含义引申到文学领域中两种截然不同的创作态度:前者沉湎于幻想,不顾国家危急、人民困苦,自顾自摆弄无关痛痒的文学,创作不切实际的缥缈文章;后者"将人民的苦难与幸福化作时代的赞歌,将文学注入鲜活血脉与真实情感",负道义以济世。作者把原本普适但易流于空泛的话题置于文学领域中展开,让读者看到了其不同于别人的阅读积累,使文章具有了鲜明的个性色彩。

　　那么,文中体现出来的作者的"文学观"又是如何来的?我们来看下面的两篇文章。

鲁迅不应离我们远去

杨曾宪

　　有人说,鲁迅正在离我们远去,周作人正在向我们走来。我却并不以为然。我是三十一年前读的鲁迅,一年前读的周作人,中间隔了三十年。但鲁迅仍然离我很近,周作人仍然离我很远。一个人,在他的青年时代,首先读的是鲁迅还是周作人,我想,可能对他的一生都会产生不同的影响;一个时代,是提倡鲁迅还是周作人,我想,对于今后整整一代人也会产生很不同的影响。对今日中国青年、今日中国知识分子来说,更需要的还是鲁迅,而不是周作人。

　　周作人与鲁迅的地位不可同日而语。这不仅是从文学史角度的评价,而且是就他们对中国文化对中华民族的意义而言的。鲁迅,不仅是新文化运动的一员骁将，而且是新的民族精神民族灵魂的重铸者；鲁迅所批判的不仅是哪一种制度哪一个阶级哪一派文化现象，而且是在几千年封建文化"酱缸"浸泡中、在近百年半殖民地政治"囚笼"扭曲中霉变畸形的民族灵魂。鲁迅积其一生之力铸造国人的灵魂。他自己也成为我们民族的不朽灵魂。周作人也曾是新文化的发言人，也曾是传统伦理文化的批判者。但很快，新文化只沦为他的工具；他仍然以传统士大夫心态用冲淡的白话语言去娴熟地把玩起中国的器物文化来。悠悠五千年，中国的器物文化博大精深，世所罕匹；吃喝玩乐衣食居行，随手拈来就是文化，就是文明。这自然使周作人大有用武之地——今日提倡"玩文学"的青年哪能玩过周作人呢？玩物丧志，周作人最终几乎是自愿地出卖自己的灵魂成为民族的罪人并不偶然。如此一个周作人如何能与鲁迅相比呢？

今天的周作人可以摆在地摊上大畅其销，因为它好读——茶余饭后，躺在沙发上，借周作人之笔触，摩挲一些小摆设，品味一些小感触，体验一下昨日的民族风情，未必不是一件乐事。何况今日玩风甚盛，有闲者甚众呢？而鲁迅是不能躺着读的，重读鲁迅，我仍然时时如针芒在背，为自己的灵魂所承受着的拷问。中国知识分子都应经受鲁迅的拷问——因为鲁迅本人已经千百遍地拷问自己。某些民族文化的劣根性，是难以自省自察自知的。但它却是妨害我们民族进取现代文明的痼疾。一个民族具有庸人气息并不可怕，可怕的是国人自卑自负又自慰的阿 Q 精神。德国在普鲁士时代曾经是庸人气息弥漫的民族，但经过包括马克思在内的一代代思想家哲学家的批判，经过贝多芬这样伟大的艺术家的陶铸，百年过后的德意志民族已是世界上最有自信和自尊、最有生命活力和创造精神的民族之一。鲁迅作为伟大的思想家文学家的当代意义正在于此。虽然今日中国的成就令世人刮目相看，据说已经到了可以说"不"的时代，但从器物文明建设上处处散发出来的暴发户气息中，从种种时髦的学术论争和学术命题所暴露出的盲目的民族自卑与自傲文化心理中，我们仍然可以清晰地嗅出阿Q主义的味道——今日之新国粹主义不正在国学热国故热中疯长吗？如果我们不能在物质文明建设的同时，培育出刚健峻拔的民族品格和自信自谦的民族精神，最终，精神的贫乏将使中华民族难以真正崛起。

当然，我并不排拒周作人。今日中国毕竟处于歌舞升平的时期，有些人欣赏周作人也很正常。但不能以此排拒甚至贬低鲁迅。尤其作为民族精神体现者和创造者的知识分子不能媚俗从众丧失操守地靠作翻案文章、靠出卖民族的良知哗众取宠谋利发财。在鲁迅的伟岸形象面前，周作人永远是一抔黄土。

（《岭南文化时报》，1997 年 5 月 8 日）

面对被"消费"着的鲁迅

姜泓冰

坐在上海的一间咸亨酒店里，下到绍兴护城河上的乌篷船里，都曾有过一个念头："鲁迅"这个名字，如果按照时下的流行，拿去做回"无形资产评估"的话，该值多少钱？

问一位绍兴人：有没有过估计，这些年来，"鲁迅"为绍兴带来了多少经济效益？对方笑着摇头，说："肯定很多，只是无法统计。"

在鲁迅先生逝世 70 周年的日子里，这问题多么庸俗。先生泉下有知，是会冷笑自嘲，还是感慨愤怒？

然而似乎，近些年来，这正是我们"怀念"和亲近一切历史文化名人的方式了——"想念"的程度与仪式的隆重规格，取决于他拥有多大的招商引资和旅游开发的号召力。更直截了当地说，便是能够直接或间接地化成多少外汇与人民币。于是，有人被利用得体无完肤，硬要平地修起座"故居"来纪念，有人被冷落到拆房坍屋也无人过问。

　　我们有几个地区为争执孟姜女、梁祝传说而闹得不可开交的；有刨开座古墓，就捕风捉影附会成皇亲名流、拔高到"惊人发现"的；更常见的，则是祭出某某故乡的牌子宣传招商，或者举办"某某文化节"，注册某某牌产品。一句话，名人一律被视为资源，凡资源者，总要用各种方式物化以提供消费，区别只是巧妙些或者庸俗些罢了。

　　名人成为消费对象，也并不就十分可恶。但可怕的是，除了消费，鲁迅已是不少人完全无从想起的名字。事实上，从极"左"年代的拔高和扁平化，到现在的商业性开发，对于这位伟大的思想者，70 年来，我们的解读似乎总是过分功利化和残缺的。除了少数研究鲁迅的学者外，有多少人了解真正的鲁迅？鲁迅留下的思想财富又有多少被真正继承和发扬了？——尽管，70 年后，他所指斥揭示的种种弊病，在我们这个民族中间依然存在；他发出的痛喝呐喊，今天听来依然让人警醒。

　　消费的文化里，一味推崇的，必是所谓闲适与情调，而不是硬骨与精神。所以，这些年来，周作人、林语堂、张爱玲一路走热，鲁迅却是冷的。但看周作人的人生选择，再读鲁迅先生的散文，却分明发现，闲适、情调得久了，人生的境界难免低狭；以民族大义为业者，横眉冷对的底下，往往是更深挚动人的情怀。

　　然而，我们，特别是我们的孩子们，还在读鲁迅的书吗？70 年之后，中国人对于鲁迅，是否知道的仅止于一个名字，甚或只有"鲁迅酒"和"咸亨酒店连锁"？

　　10 月 17 日，是巴金先生去世一周年的纪念日。70 年前，鲁迅先生的葬仪上，他是扶棺的年轻作家之一。从鲁迅到巴金，从"呐喊"到"随想录"，这是我们无法消费也不该耗散的"民族魂"……

　　　　　　　　　　　　　　（《人民日报》，2006 年 10 月 20 日）

　　这两篇文章都谈到了鲁迅和周作人，都谈到了闲适文学和民族精神。两篇文章在承认和平时期、物质年代，人们"喜欢闲适和情调"有其合理性的同时，都强调鲁迅及其作品对塑造民族精神具有特殊的意义和价值，如第一篇中"鲁迅是不能躺着读的，重读鲁迅，我仍然时时如针芒在背，为自己的灵魂所承受着的拷问"，第二篇中"消费的文化里，一味推崇的，必是所谓闲适与情调，而不是硬骨与精神""闲适、情调得久了，人生的境界难免低狭"。

到此，重读考场例文《仰望星空与脚踏实地》便不难发现，它从《鲁迅不应离我们远去》和《面对被"消费"着的鲁迅》中获得了丰富启示，受到了深刻影响。尽管这篇作文存在一些不足，但作为一名中学生，能在考场几十分钟的时间内探讨文艺工作者"为谁立言"的问题，其立意和眼界已不一般。这篇作文也提醒我们，素材积累不只是论据积累，更是思想积累。思想积累是更高层次的学习，有了思想认识，才能让作文立意高远、见解不俗，才能更好地支配和驾驭素材资源。

二、把阅读素材转化为思想认识的过程和方法

所谓思想积累，就是在阅读过程中先提炼作者的观点，再对作者的观点进行理解、分析或细化，同时明确自己作为读者的态度，或肯定、认同，或怀疑、批判。然后，从原文中寻找支撑作者观点的证据，或从自我积累中寻找质疑作者观点的证据。证据包括理论和事实等。以文章的核心观点或典型话题为依托，搜集相关资料，形成专题。接下来梳理专题材料，形成问题链或话题链，分析它们能为哪些作文题目服务，同时深化对原文观点的认识。

就像把米酿成酒需要发酵一样，把阅读素材转化为思想认识，也必然要经过阅读、思考、联想、比较等活动。其过程和方法用图形表

示如下：

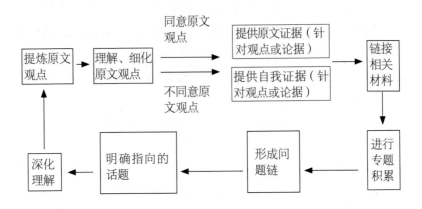

图1 素材资源转化为思想积累的过程和方法

仍以《鲁迅不应离我们远去》为例。该文标题"鲁迅不应离我们远去"即是核心观点，进一步理解这个观点，可以从原文找到这样的解释："对今日中国青年、今日中国知识分子来说，更需要的还是鲁迅，而不是周作人。"为什么"今日中国青年、今日中国知识分子"更需要鲁迅呢？梳理原文，理由大致如下：正面说，鲁迅是民族精神、民族灵魂的重铸者，读鲁迅能够帮助国民培育刚健峻拔的民族品格和自信自谦的民族精神，能够促进我们自察、自省、自知隐藏起来的民族劣根性；反面说，民族劣根性是妨害中华民族走向现代文明的痼疾，精神的贫乏将使中华民族难以真正崛起。再联系《面对被"消费"着的鲁迅》，于是我们得到警示：物化的社会已不是读不读鲁迅的问题了，而是"除了消费，鲁迅已是不少人完全无从想起的名字"。至此，我们对当代人如何看待鲁迅、如何看待鲁迅作品这个问题，就有了更深切的感受。我们以"鲁迅、民族精神、知识分子"等为关键词，进行专题积累，如可阅读钱理群的《和钱理群一起阅读鲁迅》、铁凝的

《照亮和雕刻民族的灵魂》等，又会产生新的感受、想法和问题，再把这些感受、想法和问题进行抽象凝练。基础性的问题可能有：我对鲁迅及五四时代的知识分子了解多少？我对课本中的鲁迅作品理解了多少？鲁迅为什么致力于国民性的改造？扩展性的问题可能有：当下的国民精神有何特点？民族精神的新内涵有哪些？如何保持健朗的民族精神？如何看待知识分子的责任？对这些问题加以思考和回答的过程中，会形成新的思想、见解，这些思想、见解可以帮助我们接近更多的话题，也会帮助我们更进一步理解最初的作文题目。

对于《鲁迅不应离我们远去》一文，如果不同意或不完全赞同作者对周作人的评价，我们就要想清楚不同意的理由，寻找和提供相关证据。过程同上。

三、融合式思维及其训练

《鲁迅不应离我们远去》《面对被"消费"着的鲁迅》两篇文章是从读者角度谈鲁迅作品的精神价值，并没有关于"文艺创作观、仰望星空、脚踏实地"等字眼，高考作文"仰望星空与脚踏实地"的内涵也与上述两篇文章的主旨不构成直接关联，但《仰望星空与脚踏实地》例文的作者还是从中汲取到了丰富的营养。从中我们可看到，作者打破了传统的嵌合式思维，灵活地将素材转化，为我所用。

嵌合式思维是指在议论文写作中，作者只搜寻和使用那些大家都认为与观点相吻合的传统性论据，也就是俗例和常例。比方说，如果观点是圆形，就寻找外观明显呈圆形的论据；如果观点是方形，就使用外观明显呈方形的论据。这样做的结果就是一个素材通常只能为一两种观点服务。而当作文题目的"形状"不够鲜明或不是固定的某种"形状"时，就找不到合适的论据了。这个问题需要转化式思维也叫融合式思维来解决。

　　融合式思维是指在议论文写作中，作者能够多角度理解题目内涵，多层次理解素材内容，多向度搭建素材与题目的关联，将表面看似无关或联系不够紧密的题目与素材，建立起紧密的内在关联。如"仰望星空与脚踏实地"这个作文题，我们在审题环节看到题目中存在多重关系，这意味着一个母题包含了若干子话题；从《鲁迅不应离我们远去》中可以得到对民族精神、鲁迅作品价值、新时代文化追求、物化名人等问题的认识。当嵌合式思维认为该作文题下只适合谈关于鲁迅的话题时，融合式思维看出了作文题包含"虚与实"等关系，《鲁迅不应离我们远去》中潜藏着鲁迅的创作观和责任感，于是自然搭建起二者的联系。其实，对素材的多元化理解，不仅能拓展一个题目的写作空间，也能将素材与更多的作文题目建立联系。多数情况下，嵌合式思维使一个素材只能对应一个题目，而融合式思维可以使一个素材对应多个题目。

　　如何培养学生的融合式思维？教师可尝试让学生从给出的材料中提取观点，思考并列出与观点有关联的话题；然后给出相关的例文，让学生分析文章作者是如何将材料观点融入写作中，为我所用的。

核心素养背景下的语文高考及其教学 [①]

北京市西城区教育研修学院　周京昱

随着国家各项事业的改革进入深水区，教育考试改革的号角已然吹响。建立新的高考评价体系，已成为基础教育领域中的时代强音。"一核四层四翼"的高考评价体系中，"立德树人、服务选拔、导向教学"，即核心立场，回答的是"为什么考"的问题；"必备知识、关键能力、学科素养、核心价值"，即四层考查目标，回答的是"考什么"的问题；"基础性、综合性、应用性、创新性"，即四个方面的考查要求，回答的是"怎么考"的问题。这个高考评价功能的理论体系，是凌驾于各学科之上的顶层设计。这个顶层设计要通过命题、评阅、教学最终转化为学生的实际所得，从而完成高考这块"试金石"对国家栋梁的甄别选拔，也完成高考这个"指挥棒"对广大考生的教育引领。

在上述"一核四层四翼"中，"一核"是领导者的终极理想，"四翼"是命题者的眼光智慧，而"四层"则是广大师生的现实任务。

单就语文学科而言，"必备知识、关键能力、学科素养、核心价值"这四层目标中，知识是基础，能力体现为对知识的灵活运用，素养体现为多种能力的稳定、贯通与创造性发挥，价值则体现在素养形

[①] 本文原载《中国考试》2017 年第 8 期。

成与作用过程中所持有的观念态度、所承担的责任义务。说得再简明一些，那就是"知识能力须形成素养，须由素养来实现价值"。由此可见，语文学科素养是当下考查的重点立意，也是当前一线教学的明确方向。

面对未来更长阶段的语文高考，我们应该有一些比较客观的认识：

第一，语文命题为现代高校选拔服务，它必须满足国家需求，同时也必须具备世界眼光。

第二，语文命题理应遵循学科固有规律，体现其特色，在"责无旁贷"的使命上呈现出应有的担当。

第三，考试具有天然的时空限制，所有语文试题都必须系于一支笔、一张纸和150分钟，它们只能对某些内容从某个侧面、在某种程度上作出恰当呈现、有效审视与合理区分。

第四，现代语文命题，并非完全是"纸上谈兵"，它必须由做题导向做事与做人，从而实现高考的综合育人功能。

总之，我们在此所论的"核心素养与高考教学"，是建立在上述这些认识基础之上的。

语文学科核心素养包括四项内容：语言建构与运用、思维发展与提升、审美鉴赏与创造、文化传承与理解。下文将其简称为语言、思维、审美、文化。在这四项核心素养中，语言是语文学习与考查的基础内容，思维是基于语言的脑力活动，语感力与思维力是发现且品味语文美的前提性素养，也是领略、接纳、认同文化的保障性素养。这四项核心素养之间的关系，总体来看，是比较清楚的。厘清它们之间的关系，有利于我们深入理解语文试题，有效开展语文教学。下面，本文围绕核心素养来谈谈笔者所认识的语文高考及其教学。

一、语言建构与运用

语言、思维、审美、文化这几项核心素养，并非语文学科独具，有的属各学科共管，比如思维、文化等；语文学科须根据自身特征、规律将这些素养学科化。其中，语言建构与运用是专属语文的，也是几项素养中最为根本的。无论是高考命题还是一线教学，在此项上做多大的功都不为过。毫不夸张地说，基础教育中的语文教学，语言建构与运用是其命脉。

全国高考命题在语言上有相对独立的考查，比如正确使用词语（包括熟语），辨析并修改语病，语言表达简明、连贯、得体、准确、鲜明、生动等。这些考查很有必要，也引起了师生的高度重视。更需要关注的是，语言作为表情达意的工具，在阅读思维与写作思维中所扮演的角色理应引发的重视程度和达到的训练力度，一线教学在认识上似乎还不够。

如果说数学是用公式来计算数字，语文则是用逻辑来"计算"语言，它们都要求出"得数"，以解决相应的问题。阅读中的语言"计算"，地不分东西南北，时不分过去未来。因篇幅所限，我们仅以古诗阅读鉴赏为例予以说明。

解决古诗阅读鉴赏问题，首要任务是教学生如何读懂一首诗，而不是一味在作答套路上弄出什么"答题模板"来简单应对。切实提高学生阅读水平，必须走"由言揣意"这唯一的出路，语言建构与运用主要体现在阅读思维中对文学语言的品味上。这种揣摩与品味，至少表现在四个维度上：

一是语言的方位。

【示例一】2009 年高考语文北京卷试题：

西江月·黄陵庙（又题阻风三峰下）

张孝祥[①]

满载一船秋色，平铺十里湖光。波神[②]留我看斜阳，唤起鳞鳞细浪。

明日风回更好，今宵露宿何妨？水晶宫里奏《霓裳》，准拟[③]岳阳楼上。

[注]①张孝祥：南宋初词人。这首词因船行洞庭湖畔黄陵庙下，为风浪所阻而作。作者与友人信中提到："某离长沙且十日，尚在黄陵庙下，波臣风伯亦善戏矣。"②波神：水神。③准拟：准定。

在这首词中，作者是以怎样的胸怀对待风波险阻的？举出两处具体描写，略作分析。

语言的方位，指到哪里去寻找打开一个阅读文本的语言钥匙。一般而言，语文素养较高的阅读者会从诗题、正文、注释、题干（有的诗还提供了"小序"）这些方位检索到有用信息，并将其整合，从而获得可靠的结论。比如上面这首《西江月·黄陵庙》，诗题中有"又题阻风三峰下"，注释中有"因船行洞庭湖畔黄陵庙下，为风浪所阻而作"，及作者信中语"某离长沙且十日，尚在黄陵庙下，波臣风伯亦善戏矣"，风大浪猛，船行困难，然我心淡然的意味不难从中读出。正文中自"波神"句到"准拟"句，无不是正话反说，淡化风浪，彰显"无妨"，故题干中的"以怎样的胸怀对待风波险阻"的答案不难得出：达观、豪迈的胸怀。对诗语看得全，联得紧，方有合理的结论。这是语言运用在阅读思维中体现的第一个维度。

二是语言的地位。

【示例二】2011年高考语文北京卷试题：

示秬秸[①]

张耒

北邻卖饼儿，每五鼓未旦，即绕街呼卖，虽大寒烈风不废，而时略不少差也。因为作诗，且有所警，示秬、秸。

城头月落霜如雪，楼头五更声欲绝。捧盘出户歌一声，市楼东西人未行。

北风吹衣射我饼，不忧衣单忧饼冷。业无高卑志当坚，男儿有求安得闲。

[注]①秬秸：张耒二子张秬、张秸。张耒，北宋著名文学家，曾官太常寺少卿。

这首诗的写景叙事，平实而富有韵味，请结合具体诗句作简要分析。

语言的地位，指一个阅读文本中不同语言在表情达意上各自所处的地位。不同的表达方式，功能不同，一般而言，记叙、描写是基础，议论、抒情是升华。如果一个文本中出现议论抒情语，作者的情感态度便在其中。上面这首《示秬秸》，是宋代张耒写给两个儿子以示教育的诗。全诗共八句，前六句是记叙描写，后两句是议论抒情。后两句"业无高卑志当坚，男儿有求安得闲"是重点，其中的"志当坚""安得闲"又乃重中之重，"意志坚定、勤勉毋惰"是张耒由北邻卖饼儿身上看到并极力要传达给两个儿子的告诫语。前面的六句也正是为了引出这两点告诫而叙写的。故题目中说"这首诗的写景叙事，平实而富有韵味"，自然是指本诗前六句的叙写用语朴素却含有作者的情感意蕴。可见，读者如果善分主次轻重，由后两句反溯前六句，答案不难得出：本诗写景、叙事蕴含丰富。比如前两句从视觉、听觉两方面描画了清冷空寂的街景，表现了卖饼儿艰难的处境，坚强的意志和吃苦耐劳的精神，流露出作者对卖饼儿生活际遇的关怀、同情，以及对他坚毅精神的赞赏。

一个文本，更确切地说一个语言组合中，语言信息应该有地位上的不同，抓住重点，将使问题解决变得顺畅。

三是语言的性能。

【示例三】2010 年高考语文全国 I 卷试题：

咏素蝶诗

刘孝绰

随蜂绕绿蕙，避雀隐青薇。映日忽争起，因风乍共归。

出没花中见，参差叶际飞。芳华幸勿谢，嘉树欲相依。

［注］刘孝绰（481—539）：南朝梁文学家，彭城（今江苏徐州）人。文名颇盛，因恃才傲物，而为人所忌恨，仕途数起数伏。

（1）这首咏物诗描写了素蝶的哪些活动？是怎样描写的？

（2）这首诗有什么含意？采用了什么表现手法？

这里说的"语言的性能"，不是语言学范畴的"性能"，而是指语言在传达作品内容上所扮演的角色。一般而言，文学作品有其表层信息，即写作对象或曰取材上的"人事景物"；也有其深层信息，即写作意图或主旨上的"情理志神"。文本阅读需要读者穿越表层，抵达深层，最终将作者的内心"挖出来"。如上面这首《咏素蝶诗》，从整首诗的逻辑上来看，诗人无论写什么，其实质都是写自己的情感、态度、心理、观念，故诗人咏蝶，背后有一个"蝶即我，我即蝶"的逻辑。全诗八句，前六句写蝶之情态；后两句写蝶之心理，其中"幸""欲"二字为表心之语，即蝶愿好花长开、好树长在。之所以有这样的心理，皆因蝶托身有所的欲念使然。再看前六句，诗人笔下的蝶，不是"随"着这个，就是"绕"着那个，不是"映"了这个，就是"因"了那个，不是"出没"在这里，就是"参差"在那里……总之，随外物的情态而动。诗人写蝶这般情态，皆是在写自己身不由己，无法主宰命运，由此可见其仕途坎坷、数起数伏。作品中的蝶是拟人化了的蝶，其作为蝶的特点、心愿是表层信息，作为人的处境、心理是深层信息。再深究一步，题目中的"素蝶"二字亦可玩味，蝶有"素蝶"，人有"素人","素"的表层义是"无彩饰",深层义是"无背景",诗人以素蝶为取材对象,颇有对自身无根底、无靠山,只能凭一点才华过动荡不定的生活之感慨。读出表层语背后的深层意味,才能进入文本的内核。而试题的答案也便生长于对"语言表里性能"的把握之中。

四是语言的呈现。

【示例四】2010年高考语文全国Ⅱ卷试题:

梦中作^①

欧阳修

夜凉吹笛千山月,路暗迷人百种花。

棋罢不知人换世^②,酒阑^③无奈客思家。

［注］①本诗约作于皇祐元年（1049），当时作者因支持范仲淹新政而被贬谪到颍州。②传说晋时有一人进山砍柴,见两童子在下棋,于是置斧旁观,等一盘棋结束,斧已烂掉,回家后发现早已换了人间。③酒阑:酒尽。

这首诗表现了作者什么样的心情?

语言的呈现,指语言在表情达意上的直接与间接。前者的呈现是显性的,后者的呈现是隐性的。前者需要捕捉,后者需要挖掘。在这首《梦中作》中,这两种呈现方式是很典型的。诗人被贬,末句中的"无奈客思家"是显性信息,相当明确。而隐性信息更多:"夜凉"引发的心凉,"吹笛"引发的离情,"路暗"引发的仕途幽暗,"不知"引发的谪居闭塞,"人换世"引发的与世隔绝……这些隐性信息将"无奈客思家"变得具体而丰富,而问题的答案（因仕途失意而对前途忧虑和无可奈何的心情;希望脱离官场返回家乡的心情）,也唯有在显性和隐性信息的共同作用下,才能得到彰显。

如果说显性信息是动脉,那么隐性信息就是那些毛细血管,它们

— 219 —

以各自的方式为一个文本提供动力。如果阅读者只能识得前者而不善挖掘后者，解读文学性、艺术性较强的文本时，很可能会遇到障碍。

【示例五】2009 年高考语文全国 I 卷试题：

次石湖①书扇韵

姜夔②

桥西一曲水通村，岸阁浮萍绿有痕。

家住石湖人不到，藕花多处别开门。

［注］①石湖：南宋诗人范成大（1126—1193）晚年去职归隐石湖（在今江苏苏州），自号石湖居士。②姜夔（1155—1221？）：字尧章，号白石道人，饶州鄱阳（今江西波阳）人，浪迹江湖，终生不仕。淳熙十四年（1187）夏，曾去拜见范成大，这首诗约作于此时。

（1）这首诗描绘了一幅什么样的画面？是由哪些景物构成的？请简要叙述。

（2）有人说，诗的后两句歌颂了范成大的品格，第三句中的"人"是指趋炎附势的人。你对此有什么看法？请简要说明。

如果一个阅读文本没有显性信息可以循，对阅读者来说，只有寻觅与挖掘隐性信息。这就需要我们对语言足够敏感。上面这首《次石湖书扇韵》，全诗四句二十八个字，均为写景，没有一句表达情感态度之语。而作者又一定是有态度有立场的，这态度与立场便隐含在最后一句"藕花多处别开门"中。作者特意写范成大开门之处在"藕花多处"，即看中了范氏的"晚年去职归隐"与藕花"出淤泥而不染"的气质相合，对范氏的褒扬便在其中；更重要的是作者姜夔是"浪迹江湖，终生不仕"之人，他写范氏与藕花，将自己也写进去了。将最后一句的微妙意味读懂，也就对前文突出石湖景清景静、突出"人不到"有了更深的理解。无论第三句中"人"是否是趋炎附势者，都不影响作者"对石湖主人归隐田园生活的赞赏之情",也都"与作者终生不仕的人生态度相契合"。

上述理解与认识,都有赖于对文本的深入解读。而对隐性信息的深入挖掘,是使全篇皆活的重要保证。从"语言的呈现"这个维度上来训练阅读者,将使"由言揣意"变得更加专业和有效。

方位,地位,性能,呈现……在阅读思维中,语言的建构与运用远不止这些。但是,这些应有的语言运用训练,在我们的阅读教学中还落实得不够。它比字音、字形、词语、语病等语言运用问题要广阔得多,也更能区分出学生的语文素养。当然,关于语言的建构与运用,也不限于古诗、古文、散文、小说、传记等阅读试题,备受关注的写作试题,从读题开始,就是对考生语言敏感度的检验。

【示例六】2016年高考语文全国Ⅱ卷试题:

阅读下面的材料,根据要求写一篇不少于800字的文章。

语文学习关系到一个人的终身发展,社会整体的语文素养关系到国家的软实力和文化自信。对于我们中学生来说,语文素养的提升主要有三条途径:课堂有效教学、课外大量阅读、社会生活实践。

请根据材料,从自己语文学习的体会出发,比较上述三条途径,阐述你的看法和理由。

要求选好角度,确定立意,明确文体,自拟标题;不要套作,不得抄袭,不得泄露个人信息。

这道作文题内容集中、鲜明,不容易跑题,且正中学习生活,学生有话可说。然而,表面好写的试题,有时难以写好,写作者须有绝招或至少有亮点。

语文素养提升的几条途径,不是"东风压倒西风"的问题,它们可能是此消彼长、相互融合、共同作用的。试题要求考生"比较上述三条途径，阐述你的看法和理由"，这就需要考生眼光尽可能细腻、独到。

比较，需要基础。这基础，首先涉及对命题语言的细致体察。题目所示材料共两句话，第一句说语文学习的意义，第二句说中学生语文素养提升的途径。尽管寥寥几十个字，但此间埋着许多构思的生长点。找到这些源自材料、决定或关系到"比较"的思考点，才能比出有价值的东西，考生的语文核心素养提升也便有了第四条途径：考生智能展示。

由此可见，向试题语言寻求构思路径，是高考作文教学的首要尝试。从这个意义上说，写作试题首先是个阅读问题，是个语言运用的问题。

在语文核心素养中，对母语的敏锐感知和有效运用，是最本质的素养。语文高考，无论是知识、阅读还是写作，语言建构与运用能力的训练，值得我们在教学中深入落实，不可有一丝的怠慢与松懈。

二、思维发展与提升

语文学科固然有它的个性与特点，但有一点是与数理化等学科相当的，即致力于思维发展与提升。以语言为工具，以逻辑为保障，遵循规律，科学动脑，是语文学科应该教给学生的。唯其如此，学生的阅读思维和写作思维才可能得到长足的发展。

先说阅读。近年来，各地语文命题对阅读的考查很是重视，考查方式也名目繁多：多文本阅读，长文本阅读，经典名著阅读；浏览性阅读，检索性阅读，鉴赏性阅读，探究性阅读；比较性阅读，阅读与写作相结合……这些有益的尝试对于检测学生阅读能力、推动一线教学，起到了积极的作用。同时，这些考查也给中学阅读教学带来很大的挑战，尤其是阅读思维上的挑战。

一般来说，阅读有三种形态：认读，解读，赏读。认读，以识文认字为目的；解读，以理解分析为目的；赏读，以审美鉴赏为目的。就目前情况来看，认读非主要问题，学生读不懂一首诗一篇文章，原因并不是其中有个别字不认识；赏读非根本问题，鉴赏"好不好"或"如何好"，要围绕诗意文意来审视作品的表达效果，也就是说审美鉴赏的高级层次要建筑在阅读理解的基础层上。于是，解读，即弄懂一个文本到底"是什么"便成了考生面临的主要问题与根本问题。

就眼下情况来说，阅读思维的发展与提升，首先要从解读思维的合理做起。这里所谓的"合理"，指的是命题者遵循了作者写诗写文所遵循的规律，从而提出问题；阅读者遵循同样的规律去思考相关问题，方能得出准确的回答。简言之，作者、命题者、阅读者三股劲拧成一股绳，阅读活动才是"靠谱"的；反过来，命题者不理解作者，阅读者不理解前二者，则"教无宁日"。

那么，维系作者、命题者、阅读者之间关系的，能够反映作者创作规律的，能够呈现命题基本视角的，有助于使阅读者构建合理的解读思维方式的那个符合逻辑的框架或思路，成了我们探索的方向。下面，试将这个框架或思路梳理出来（见图1），以抛砖引玉。

窃以为，凡论阅读，先应将后天我们总结出的各文体知识安放一旁。尽管诗歌、散文、小说、戏剧各有名目，但它们都是创作者表情达意、寄托人生感悟的文字艺术，它们的创作心理机制本无二致，只是用不同的体式呈现而已。若能将不同文体打通，探求其内在创作用心与生成逻辑，则有助于阅读者举一反三、触类旁通，切实提高阅读水平。下面所做阅读思维演示就是这样一种尝试。

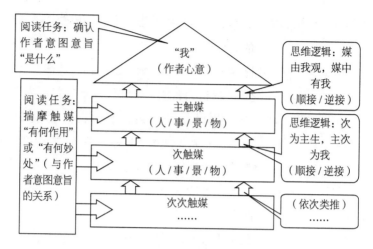

图1　阅读思维逻辑图示

在这个"阅读思维逻辑图示"中：

第一，一个文本，无论诗歌、散文、传记、小说，它在写作上的终极目的都是为了表达作者（即"我"）的心意（包括观点、态度、思想、情感、情绪、意念……），作者心意是阅读者在"读懂作者"这个层面要攻克的最终的"堡垒"。

第二，一个文本，无论诗歌、散文、传记、小说，作者表达心意，除了少数直抒胸臆的信息外，总要凭借某些载体或经由某些媒介来传达。我们将这种载体或媒介称为"触媒"——它是触发、寄寓作者情感态度观点意念的土壤。一般而言，一个阅读文本的触媒可以表现为四类：人，事，景，物。与之对应的"载道"情态为：人中见意（如秦韬玉《贫女》），事中见怀（如杜甫《石壕吏》），景中见情（如刘禹锡《乌衣巷》），物中见志（如骆宾王《在狱咏蝉》）。触媒决定了作品的取材，而作者的意图意旨蕴含其间。

第三，如果一个文本比较简单，则由某一触媒直接导出作者心意；

如果一个文本较为复杂，触媒还可分出主次，前者是主角，后者是配角，它们是红花与绿叶的关系。如李白《独坐敬亭山》一诗："众鸟高飞尽，孤云独去闲。相看两不厌，只有敬亭山。""鸟""云"均属配角，二者"飞""去"之动感，皆为表现主角敬亭山之静好服务，而主角敬亭山则是为了表现"我"的心情——"相看两不厌"，作者的孤独感与慰藉感便得以流露。当一个阅读文本内的多个要素之间在表意上形成了上下级关系，触媒的主次便可得到区分，作者将它们纳入作品的意图也便得到彰显。

第四，触媒之所以能进入作者眼中心中，是因为它们与作者"我"的性格、经历、际遇、处境、心境发生了必然的关系。这些触媒上蒙上了作者"我"独特的眼光，用王国维先生的话说便是"以我观物，物皆着我之色彩"，图示中将触媒与"我"之间的关系概括得更为直接——"媒由我观，媒中有我"。如秦韬玉的《贫女》："蓬门未识绮罗香，拟托良媒益自伤。谁爱风流高格调，共怜时世俭梳妆。敢将十指夸针巧，不把双眉斗画长。苦恨年年压金线，为他人作嫁衣裳。"写的是作者眼中的贫女，甚至写的是怀才不遇、无人赏识的作者自己。洞悉"人"与"我"、"事"与"我"、"情"与"我"、"物"与"我"之间的具体对应关系，是阅读思维中相当重要的一环。

第五，主次触媒之间、触媒与"我"之间，性质、情态上一致的谓之"顺接"，不一致的谓之"逆接"。前者是烘托、映衬，后者是对比、反衬。无论顺接或逆接，都是为了强化"我"的心意、文本的旨意。如李贺的那首著名的《马诗》："大漠沙如雪，燕山月似钩。何当金络脑，快走踏清秋。""大漠沙景"与"燕山月景"乃次触媒，它们为"马"这一主触媒提供场景，而"马"又为"我"的处境、心理提供了寄寓。在上述两层关系中，"大漠""燕山"这一幅战地夜景，与"马"的境遇寒碜、难以驰骋形成"逆接"；"马"的困窘难堪与"我"

的英雄气短、无用武之地形成"顺接"。于是"充满刺激的杀场，战马却不能快跑，就像渴望建功的'我'无法施展与腾飞"这个完整的逻辑链条便清楚地浮现出来。

以上，就是对"阅读思维逻辑图示"的简要解说。这些基本的思维原理，带有很强的普遍性，它们体现在诗歌、散文、小说、戏剧、传记等绝大多数甚至所有的阅读文本之中。

【示例七】2016 年高考语文全国 I 卷试题：

金陵望汉江

李白

汉江回万里，派作九龙盘①。横溃豁中国，崔嵬飞迅湍。六帝沦亡后②，三吴不足观③。我君混区宇，垂拱众流安。今日任公子，沧浪罢钓竿④。

［注］①派：河的支流，长江在湖北、江西一带，分为很多支流。②六帝：代指六朝。③三吴：古吴地后分为三，即吴兴、吴郡、会稽。④这两句的意思是，当今任公子已无须垂钓了，因为江海中已无巨鱼，比喻已无危害国家的巨寇。任公子是《庄子》中的传说人物，他用很大的钓钩和极多的食饵钓起一条巨大的鱼。

（1）诗的前四句描写了什么样的景象？这样写有什么用意？

（2）诗中运用任公子的典故，表达了什么样的思想感情？

李白这首《金陵望汉江》，前四句写水势之盛、气势之宏，给人以抒写自然之感；而五、六两句"六帝""三吴"即开始写政治，直到第八句"众流"出现，才令人明晓前四句非单纯写景，而是将多种政治势力比成流水，真正目的是写"我君"安定"众流"之能。水势越大，则"我君""垂拱"之治更见不凡。前八句之间的逻辑关系很清楚：写"众流"为写"我君"，写"我君"为写"我"的颂赞之心。末二句"今日""沧浪"，是以"任公子"来写"我"——江无巨鱼，国无巨寇，而何处是"我"施展处？作者一方面赞颂唐代统治者的丰功伟绩，另一方又流露出英雄无用武之地的惆怅。这两者之间存在必然的因果关系，是统一的整体，而不是分裂的思绪。将本诗内部诸要素之间的逻辑关系看清楚，题目设问中"前四句的用意"（作者以此为下文颂扬盛唐天下一家、国运兴盛积蓄气势，有利于突出诗的主旨）和"任公子典故表达的思想感情"（①作者以水无巨鱼代指世无巨寇，表达了对大唐一统天下、开创盛世伟绩的歌颂；②作者自比任公子，觉得在太平盛世没有机会施展才干，不免流露出一丝英雄无用武之地的失落）便顺理成章得到回答。

《金陵望汉江》阅读思维逻辑的具体思路框架见图2。

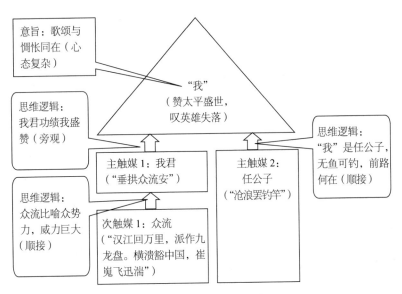

图2 《金陵望汉江》阅读思维逻辑图示

图2是对前面给出的"阅读思维逻辑图示"的具体化。图1是通法通则，图2是"读懂这一个"的落实与细化。阅读思维的合理性，

即将通法通则贯彻到一个具体的文本中。

2017 年高考语文考试大纲对阅读的考查不再分必考与选考，是因为多年选考，本意是满足考生学习的自主性与多元性，但在功利备考观念的作用下，也造成了阅读教学的窄化——考试中是弃文学而投实用，教学中是弃散文、剧本、小说而投传记，这种趋势在一些地方甚至发展成谈散文色变、唯传记是瞻的程度。

如果我们能把握好一把解牛之刀——从阅读思维的通法通则上将不同文体"打通"，文本解读的从容之境并非不可达到。

【示例八】2010 年高考语文全国 I 卷试题：

灯火

萧萧

乌黑油污的煤油灯，一经火柴点燃，便有了亮晃晃的"生命"。

"生命"的意义就是它会让你想起与它共处的那段时光。生命的最简单意义可以是一个字："动"！那昏黄的煤油灯的火舌，就是那样闪动着，那样引逗着你的眼，那样闪着古老的昏黄。

……（内容略）

四十年了，从摇曳昏黄的煤油灯下，我们来到一个全新的世界，坐在讲求爱眼照明的桌前，如果祖母还在，那会是什么样的一种情境？我常有一个奇怪的想法，在一个万灯闪亮的夜晚，陪祖母静静欣赏着一些光影缤纷！

我说不出喜欢煤油灯的理由，但我知道灯火在我心中的意义。

文章最后一段说："我说不出喜欢煤油灯的理由，但我知道灯火在我心中的意义。"综观全文，灯火在作者心中具有什么样的意义？

题目即向阅读者明示了"触媒"，通览全文，不难发现，作者笔下写了两种灯火：主角是煤油灯，配角是"电火"（即电灯）。从科技上讲，电灯强于煤油灯；从人情上看，作者又总是怀旧——因为煤油灯下有着童年珍贵的记忆：当年油灯下的苦读，更重要的是那里有祖孙相系的温馨时光。而电灯亮起的时代，"伴读的祖母早已回到天上去了"，我便生出"在无边的夜里迷失在灯与灯之间"的感受。基于这样一种心理逻辑，写电火的"惨白"是为了写煤油灯下的"温馨"，写煤油灯下的"温馨"是为了写人情的"永恒"。故"灯火在作者心中具有什么样的意义"，答案也很清楚：①灯火让作者不时想起与它共处的那段时光，它是作者人生中的"永恒之火"；②灯火下的祖孙相牵，使作者贫穷的童年生活变得温馨而富有诗意；③作者的成长离不开灯火下的夜读，这是作者人生的重要一步。

《灯火》阅读思维逻辑的具体思路框架见图3。

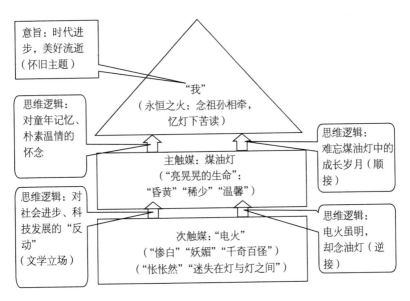

图3 《灯火》阅读思维逻辑图示

阅读思维逻辑图示的构建，不只可用于诗与散文，小说也同理可证。略有不同的是，小说是虚拟性文本，作者不直接出现，他（她）

隐于幕后，台前是主要人物与次要人物的"表演"，人物关系和情节发展成了表达意旨的主要手段。尽管如此，阅读思维的基本规律依然是相当稳定、相当清楚的。

【示例九】2015 年高考语文全国 Ⅰ 卷试题：

马兰花

李德霞

大清早，马兰花从蔬菜批发市场接了满满一车菜回来。车子还没扎稳，邻摊卖水果的三嫂就凑过来说："兰花姐，卖咸菜的麻婶出事了。"

马兰花一惊："出啥事啦？"

……（内容略）

马兰花接过信，就着灯光看起来："兰花姐，实在是对不起了。母亲去世后，我没来得及整理她的东西，就大包小包地运回上海了。前几天清理母亲的遗物时，我意外地发现了一个小本本，上面记着她借你六百块钱的事，还有借钱的日期。根据时间推断，我敢肯定，母亲没有还过这笔钱。本来母亲在医院时，你还送了一兜水果过来，可你就是没提母亲借钱的事。还好我曾经和母亲到你家串过门，记着地址。不然麻烦可就大了。汇去一千元，多出来的四百块算是对大姐的一点心意吧。还有一事，我听母亲说过，大姐一家住的那房子还是租来的。母亲走了，房子我用不上，一时半会也卖不了，大姐如果不嫌弃，就搬过去住吧，就当帮我看房子了，钥匙我随后寄去。"

马兰花读着信，读出满眼的泪水……

小说有明暗两条线索，分别是什么？这样处理有什么好处？请简要分析。

《马兰花》这篇小说，以主人公马兰花的生活际遇为主要叙写对象。人物是小说中最为核心的要素，将马兰花确定为"主触媒"应该是很自然的，问题是，结尾"马兰花读着信，读出满眼的泪水"，这一结局也感动了读者。而令读者深深感动的，只有马兰花的行为吗？显然不是，麻婶的女儿是另一个感动源。这也符合作者的意图和命题者选材的基本观念——弘扬正能量、净化社会风气、提高道德情操，需要施恩与受恩两个方向的共同努力。从这个意义上说，本文尽管题为"马兰花"，但"主触媒"有两个——马兰花与麻婶女儿，这两个人物的互动撑起了这篇小说的基本骨架。为了表现马兰花的美好善良，又塑造了一个不大通情理的"丈夫"，以作对比；为了表现麻婶女儿的深明大义，先要写麻婶的友善本分，以作样板。经过这番营造，作者对行善者的态度便呈现出来了：好人好报，互助共济，"人间自有真情在"。这个理解到位了，问题中的"双线结构"便再清晰不过了：①明线是马兰花一家由借款而引发的冲突，暗线是麻婶母女的还款过程。②麻婶母女还款这一暗线，虽然着墨不多，但仍可展现她们的品质，丰富小说的主题。明暗线索交织，使小说情节更为集中紧凑，突出了主人公的形象。

《马兰花》阅读思维逻辑的具体思路框架见图4。

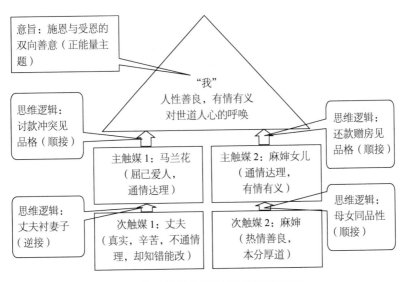

图4 《马兰花》阅读思维逻辑图示

　　以上，我们将诗歌、散文、小说用阅读思维逻辑图示全部打通，若再扩展，人物传记、剧本也不例外，篇幅所限，不再赘述。只小结几点：

　　第一，思维的拓展与创新，其基础是思维的合理。阅读思维逻辑图示是由创作心理机制和作品各要素间客观联系构建起来的，也许还不完美，但它的建立初衷是"合理"的。

　　第二，阅读思维逻辑图示与一般的"模板""套路"有着本质的不同，它不是僵化的，它在不同作品中的呈现是具体的，阅读训练中要一次次将其激活，才能符合每一个文本的具体情况，也才能切实提高阅读者的思维水平。这就如同数学的定理公式，只有进入具体的试题中，它们才是真实的、有效的，所以至今没有人给数学定理公式扣上"模板""套路"的帽子。

　　第三，中学语文教学要想获得学生的真正重视，取得应有的尊严，不是靠考试分值来撑腰，而要使学生在思维上得到切实的发展。每年我们指导学生做了那么多试题，究竟是行为勤奋还是思维勤奋，实在是需要思考的问题。而语文教学"少慢差费"的老问题，也只有通过思维的合理、拓展与创新才能得到解决。

　　其实，不只阅读，思维的合理、拓展与创新同样表现在写作问题上。

　　【示例十】2011 年高考语文全国 I 卷试题：

　　阅读下面材料，根据要求写一篇不少于 800 字的文章。

　　美国全球语言研究所公布了 21 世纪全球十大新闻，中国作为经济和政治大国的崛起排在第一位，是新世纪的最大新闻。该所跟踪全球 75 万家主要纸媒体、电子媒体和互联网进行调查，结果显示，有关中国崛起的新闻已经播发了 3 亿次。

　　对于中国的巨大变化，其中最值得展示的突出变化又是什么呢？据

《中国青年报》和新浪网对中国公众的调查，得票率依次是："经济成就""国际影响""民生改善""科技水平""城市化进程""开放程度"。

对于中国的这些变化，你有什么所见所闻所思所感？要求选好角度，确定立意，明确文体，自拟标题；不要脱离材料内容及含意的范围作文，不要套作，不得抄袭。

面对这道试题，很多学生都是找几个例子，经过一番堆砌，最后表达一个光明的点赞。那些真正有思想、有见识的文章，远没有达到应有的规模。这不得不让我们反思写作教学中的思维训练问题。

以本题为例，思维拓展与创新，首先表现在构思须有过人的眼力与脑力上，否则便会被这个"大题"吓倒。眼力，指能从试题中发现构思的生长空间；脑力，指能循着生长空间向更高深处探测，从而获得超越一般的认识感悟。

题目的材料共两段，第一段陈述"中国崛起"的事实，第二段将这一事实具体化。循着命题者提供的这个平台，我们的想法可以有很多：①化生为熟。将看似陌生的题目与已知经验相贯通，至少不会觉得此题遥不可及。②化大为小。"中国崛起"是个大话题，对有些学生来说本题较难入手，以小事作为突破口是个比较明智的办法。学会"大题小作"，至少不会难以驾驭。③确定参照。这"崛起"是比照什么说的？是与外国较量？还是与历史赛跑？还是两者兼而有之？唯有找好参照系，才能由此进一步引申出意义、价值等深层次的东西。这往往是文章的灵魂所在。④拿捏分寸。这"崛起"是怎样产生的？主要依赖于什么？"崛起"到了怎样的程度？"崛起"的最佳姿态是什么？它的进步意义和警世意义是怎样的？对"崛起"的深入探讨比只知道喊"万岁"更有尊严，更值得尊敬。⑤正反相衬。对于"崛起"的大好形势，还有没有一些消极的东西在"拉后腿"？明确必须解决的负面问题，将使文章更有深度和价值。⑥补充拓展。我们固然承认

"崛起"的伟大意义，但是不是该崛起的都崛起了？能够由一个问题拓展到多个问题，有可能使文章更加丰富。⑦析因预果。我们看到的是"崛起"的现象，那就还有"为什么能崛起"和"未来会如何"等问题。看到"好"，还要明晓"之所以好"和"如何更好"。

面对"中国崛起"这样一道试题，我们的写作思维能力亦应该"崛起"。中学语文教学在思维"做功"上应该探索的东西确实很多。

核心素养背景下的语文高考及其教学，要探讨的问题有很多。语文核心素养，除了语言与思维，还有审美与文化。我相信，语文素养的底层根基是对语言的感知和对思维的构建，没有这个根基，文学审美和文化传承都是空中楼阁，语文学习与测试毕竟是从读懂一篇文章、想清楚一个问题开始的。